JN243599

SHINRIJUTSU
SAKUTTO NOTE

10秒で相手を
見抜く&操る
心理術
サクッと ノート

ビジネス心理研究家
神岡真司 =監修

永岡書店

心理術を使いこなせば
仕事も人づき合いも上手くいく!

　心理術と聞くと、特別なテクニックのように聞こえるかもしれませんが、私たちの身近に存在しているものです。

　例えば、スーパーマーケットへ行くと「限定○個」「特価198円!」といったPOPを目にしますが、これも心理術の一種です。

　接客やプレゼン、会議など、ビジネスの場においても、心理術はさまざまな場面で使われています。

　第一印象をアップして得意先を増やす、商品説明に工夫を凝らして売上を向上させる、会議の場で多くの人から賛同を得て主導権を握る……など、いずれも心理術を活用することで、大きな成果が望めます。また、苦手な相手を味方につけることだって可能になるでしょう。

　恋愛でも同じです。「恋は駆け引き」と言われますが、駆け引きとはつまり「心理戦」。意中の相手へのアプローチが少なければ振り向いてもらえず、かといってしつこすぎては嫌われてし

まいます。心理術を使った適切な距離のとり方で、相手に好印象を与えるアプローチ法を実践すれば、恋を実らせる可能性はアップするでしょう。

　本書では、仕事の目標達成や人間関係の改善に役立つ200以上もの心理術を紹介しています。相手の本音を見抜く、自分の思い通りに人を操る、好感度を高める……etc. いざというときにあなたを助けてくれる、即効性のあるテクニックが満載です。

「なぜか仕事が上手くいかない……」「職場の人間関係がしんどい……」「気になる相手に振り向いてもらえない……」といった悩みは、心理術のほんのワンアクションで改善できるかもしれません。本書がきっかけとなり、あなたの毎日が少しでも豊かなものに変われば幸いです。

神岡真司

本書の使い方

本書は、200を超す心理術を収録。すぐに使える即効性のあるメニューを目的別に紹介しています。すべてのメニューをコンパクトにまとめていますので、サクサク読めるのが特長です。今のあなたに役立つ心理術をサクッと見つけて、仕事やプライベートに活用してください！

200以上の心理術を目的別に収録

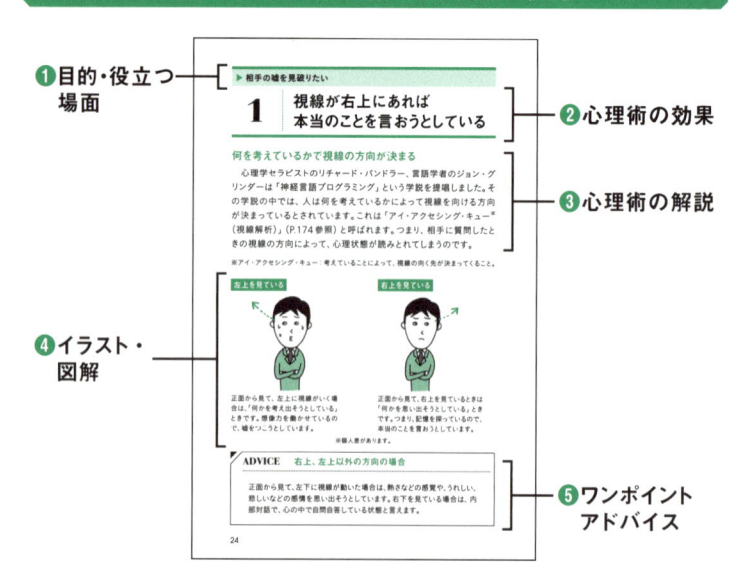

❶ 目的・役立つ場面

❷ 心理術の効果

❸ 心理術の解説

❹ イラスト・図解

❺ ワンポイントアドバイス

❶ 心理術を使う目的、使うと役立つ場面を挙げています。

❷ 心理術の効果をコンパクトに紹介。要点がすぐに理解できます。

❸ 心理術の使い方を具体的に解説しています。

❹ イラストや図などで、心理術の内容をわかりやすく説明しています。

❺ 心理術を活用するうえで留意したいポイントやアドバイスをまとめています。

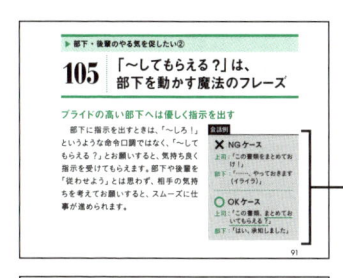

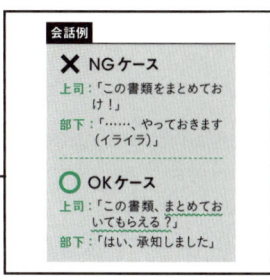

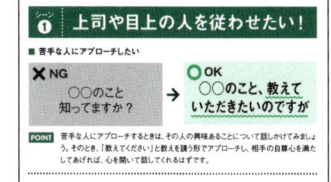

心理術を使用した場合の会話例やフレーズを掲載しています。心理術の内容をより深く理解することができるので、実際に活用するときの参考になります。

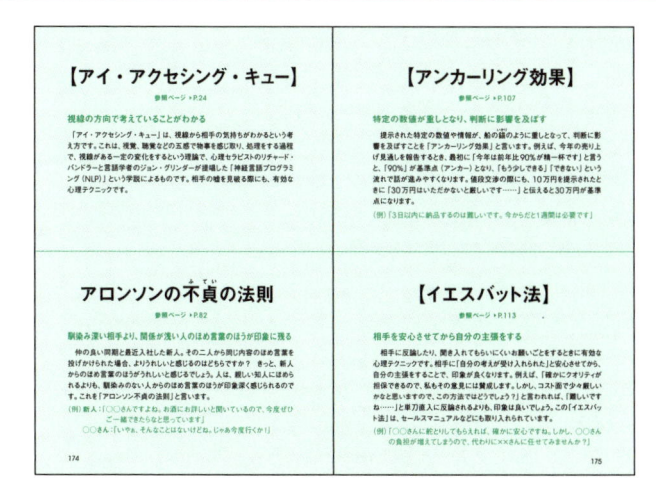

巻末付録として、「吊り橋効果」「バーナム効果」など、知っておくと仕事やプライベートで役立つ心理法則を厳選して紹介しています。

第3章　苦手な相手を攻略する心理術

第5章　感情をコントロールする心理術

本書には、即効性のある心理術を
目的別に200以上収録しています。
今のあなたに役立つ心理術を見つけて、
コミュニケーション力を磨きましょう！

心理術マイスター

心理術を活用するコツは次ページから！ ▶▶▶

心理術は悩みを解消し、良好な人間関係を築く

好感度をUPしたい
オフィスで気になる異性との関係を深めたい！
（→P.19）

前向きな気分になりたい
どんなに頑張っても終わらない仕事の山を前に、やる気が起きない……（→P.20）

心理術は自分の感情の整理や、相手の気持ちを読みとるのに役立ち、人間関係を円滑にする最強のツールです。相手の気持ちがわからない、苦手な人の前だと緊張してしまう、落ち込むとズルズル引きずってしまう、などの悩みを心理術で解消しましょう。ここでは、職場の人間関係を例にして、心理術で問題解決するコツを紹介します。

最強のツール!

相手の心を開きたい
取引先の担当者と親しい関係を築きたいけど、なかなか心を開いてくれない……（→ P.17）

パワハラから身を守りたい
いつも怒鳴ってばかりの上司。どう対応すればいいの？（→ P.18）

しぐさから本音を探りたい
ボールペンを「カチカチ」させている先輩が、どんな心理状態なのかを知りたい！（→ P.16）

いつも厳しい先輩。よくボールペンを「カチカチ」させて
落ち着きがない様子だが、どういう気持ちかを知りたい！

Q ボールペンをカチカチする人の
心理状態は？

Ⓐ イライラが
　　募っている

Ⓑ 仕事に
　　集中している

「カチカチ」というしぐさから
相手の本音が見えます！

　ボールペンをカチカチしているのは、イライラが募ってたり、ソワソワしていたりするのではなく、仕事に集中している証拠。この「カチカチ」という感覚は思考に心地良いリズムを生むため、集中しているときに無意識のうちにやってしまうしぐさです。

答え　Ⓑ 仕事に集中している

相手の本音を
見抜きたければ
第1章へ

取引先の担当者と親しい関係を築きたいけれど、なかなか
心を開いてくれない……。どうすれば親しくなれる？

Q 相手の心を開かせる
効果的な方法は？

〇〇さんの
おかげです

ペコペコ

A 相手の名前を
頻繁に呼ぶ

B 相手をひたすら
おだてる

親しみを抱かせる
「社会的報酬」を与えましょう！

　初対面の人でも社内の人でも、名前を頻
繁に呼ぶことによって、親しみが生まれます。
名前を呼ぶことは、相手を認めるという行
為に繋がり、これを「社会的報酬」と呼びま
す。心を開いていない相手をおだてすぎると、
むしろ信用度を落とす可能性があります。

答え **A** 相手の名前を頻繁に呼ぶ

相手の心を
操りたければ
第2章へ

いつも怒鳴ってばかりで口うるさい上司。
いい加減黙らせたいけど、どうすればいいの？

Q 怒鳴り散らす上司の怒りを 鎮めるにはどうすればいい？

Ⓐ 大げさに謝る

Ⓑ 大げさに 怖がってみせる

相手の意表を突けば 静かにさせることができます！

　怒りっぽい人の対処法はいくつかありますが、そのうちのひとつが「徹底的に怖がる」ことです。相手の怖がる様子を見て楽しむタイプには、予想していた以上に怖がって見せると効果的です。意表を突くリアクションで相手を慌てさせて、優位な状況に立つことができるでしょう。

答え　Ⓑ 大げさに怖がってみせる

苦手な相手を
克服したいなら
第3章へ

気になる営業部のあの娘。親しくなりたいけど、違う部署で
あまり接点もない。親密になる方法を知りたい！

Q お互いの距離を縮める 最適な方法は、どっち？

A デートに誘って じっくり話す

B こまめに 声をかける

意識してもらうには質より回数 こまめに何度も接触すること！

　人は、「単純接触」の回数が多いほど親しみが生まれます。まだ親しくない人との距離を縮めるには、いきなりデートに誘うより、回数重視のアプローチが効果的です。例えば、文房具を借りるなど、小さいお願いごとを積み重ねれば、相手は自分のことを信頼してくれていると感じ、あなたへの好感度もアップしていくでしょう。

答え　**B** こまめに声をかける

好感度を
アップしたいなら
第４章へ

どんなに頑張っても終わらない仕事の山を前にして、
やる気がなくなってしまった……。

Q どうすればモチベーションを 上げられる？

はぁ…
ポチ
ポチ

Ⓐ 自分への
ご褒美を用意する

Ⓑ 冷水で顔を洗い、
水を一杯飲む

目標達成のご褒美を設定すると やる気が自然に出てきます！

やる気が出ないときは、「これをやり遂げた
ら、大好きなスイーツを食べよう！」など、自
分へのご褒美を用意すると効果的です。ご
褒美が動機づけとなり、自発的にモチベーショ
ンを上げられるでしょう。

答え　Ⓐ 自分へのご褒美を用意する

自分の感情を
コントロールしたければ
第5章へ

▶ さぁ、本書をサクサク読んで、今のあなたに
必要な心理術を見つけてください！

第1章

相手のホンネを
見抜く心理術

「心とは氷山のようなものだ。
その大きさの7分の1を海面の上に出して漂う」

——ジークムント・フロイト（精神病理学者）

あなたは本音を見抜けますか？

Q 手のひらを見せながら
話をしている相手の心理は？

A 気を許している

B 緊張している

C 敵意を持っている

▶ 何気ないしぐさや表情、声のトーンに本人も気づかない本音があらわれる

　人は何気ない動作や表情に心理があらわれます。例えば、声のトーンが高くなったり、髪の毛や体を触っていたら焦っている、胸を突き出していたら敵対心を持っている、まばたきの回数が多いと不安を感じているなど、そのしぐさから相手の本音を読み取ることができるのです。

　まずは身近にいる相手をじっくり観察してみてください。この章で紹介している心理術に照らし合わせれば、相手の本音や本人も気づいていない心情が見えてくるはずです。

　建前や嘘ではなく、相手の本音を見抜ければしめたもの。相手の心理状態に合わせて、適切な対応をとっていけば仕事もプライベートも必ず良い結果が導き出せるでしょう。

答え

A 気を許している

　手先の動きで相手の心理状態がわかります。もし相手が手のひらを見せていたら、それは気を許している、親近感を抱いている証拠です。このような相手には、気軽に接して、一気に懐に飛び込んでみるのも良いでしょう。逆に、体の前で拳を固く握っていたら、それは相手を拒絶しているサインです。怒りを感じていたり、不快感を覚えている可能性が高いので注意しましょう。

1 視線が右上にあれば 本当のことを言おうとしている

何を考えているかで視線の方向が決まる

心理学セラピストのリチャード・バンドラー、言語学者のジョン・グリンダーは「神経言語プログラミング」という学説を提唱しました。その学説の中では、人は何を考えているかによって視線を向ける方向が決まっているとされています。これは「アイ・アクセシング・キュー※（視線解析）」（P.174参照）と呼ばれます。つまり、相手に質問したときの視線の方向によって、心理状態が読みとれてしまうのです。

※アイ・アクセシング・キュー：考えていることによって、視線の向く先が決まってくること。

左上を見ている

正面から見て、左上に視線がいく場合は、「何かを考え出そうとしている」ときです。想像力を働かせているので、嘘をつこうとしています。

右上を見ている

正面から見て、右上を見ているときは「何かを思い出そうとしている」ときです。つまり、記憶を探っているので、本当のことを言おうとしています。

※個人差があります。

> **ADVICE　右上、左上以外の方向の場合**
>
> 正面から見て、左下に視線が動いた場合は、熱さなどの感覚や、うれしい、悲しいなどの感情を思い出そうとしています。右下を見ている場合は、内部対話で、心の中で自問自答している状態と言えます。

▶ こちらのペースで会話を進めたい

2 相手のまばたきが多ければ 要求を通すチャンス！

まばたきの回数と不安感の強さは比例する

　平均的なまばたきの回数は3秒に1回、1分間に20回程度とされています。しかし、不安や緊張を感じたときは、脳内伝達物質ドーパミンの活性化により、回数が多くなってきます。相手のまばたきが多いと感じたら、不安になっている、あるいは焦っている可能性が高いのです。そんなときは多少強引でも、要求をしたら通るかもしれません。また、あなたに好意があって緊張している場合でも、まばたきの回数は多くなります。

▶ 初対面の相手の警戒度が知りたい

3 じっと目を見つめてきたら 警戒されている可能性大

視線の交わりは相手との距離感を知る目安

　適度に視線をそらしつつ、要所できちんと合わせることが、人と接するときに理想とされる視線の交わし方です。もし、初対面の相手が視線をそらさず、じっと見つめてきたら、警戒されている可能性があります。逆に、視線を合わせてくれない場合は、話に興味がなかったり、否定的な感情を抱いていたりする可能性が高いでしょう。初対面の場合、視線の交わし方を観察することが、お互いの距離感をはかる目安になります。

4 | 興味があるものの前では 目の見開き度が大きくなる

瞳孔は意識的に動かせないため、本心があらわれる

　人は興味の対象となるものを前にすると瞳孔が開きます。これはアメリカの心理学者エッカード・ヘスの行った実験で確認されました。瞳孔の動きは意識的にコントロールすることができず、嘘がつけないため、相手の心理を探るうえでポイントになります。しかし、実際に瞳孔が開いているかどうかを見分けるのはとても難しいため、目の見開き具合をチェックして判断するようにしましょう。

5 | 人は緊張すると 口元がこわばってしまう

口元の表情で感情を見分ける

　人は緊張していると口元がこわばる傾向にあるため、緊張感のあるキリッとした印象になります。その反面、口元が緩んでいる人は、緊張感のない、だらしない印象を与えます。口元の表情にはあらゆる深層心理があらわれるので、相手の口元を注意深く観察すると、その人の意外な本心が見えてきます。

一直線に口を閉じているのは、緊張感のあらわれ。

唇をなめるのは、話に興味があるという肯定のサイン。

唇をかむのは、何かを我慢しているか、不満を感じているサイン。

▶ 交渉の主導権を握りたい

6 │ 見つめ合った視線を先に外すと優位に立てる

視線を外されると不安感が芽生える

　話をしている人同士は視線が交わるものですが、見つめ合った視線を先に外すと優位に立てるという実験結果があります。視線を外すことで、「まずいことをしてしまったかもしれない……」と相手に不安感が芽生えるため、外した側は優位に立ちやすくなるのです。交渉中に視線を先に外して優位に立ち、話の主導権を握れば、こちらの要求を受け入れてもらえたり、都合の悪い条件を突きつけられないですむかもしれません。

▶ 相手の対抗心を知りたい

7 │ 視線を全くそらさない人は強い対抗心を抱いている

気づかぬフリをして、怒りが鎮まるのを待つ

　親しい人と話をしているときに、じーっと目を見つめ続けるということはほとんどないでしょう。もし、相手の目をじっと見つめて、全くそらさない人がいたら、「戦闘態勢」である可能性が高いです。ボクシングで対戦前に相手をにらみつける心理と同じで、その人の中で、あなたの存在が敵として大きくなっているサインと言えます。もしあなたがそのような視線を感じたら、気づかないフリをして、相手の怒りが鎮まるのを待ちましょう。

8 | 口角と目を観察して、相手の"作り笑い"を見抜く

"本物の笑顔"は、目と口が連動する

「笑顔」の頻度で、相手の好意の度合いはわかってくるものです。しかし、「作り笑い」をされている可能性もあるので、本物の笑顔かどうかを見抜けなくては、実際のところはわかりません。「本物の笑顔」は、小頬骨筋と大頬骨筋（頬にある筋肉）で口角を引き上げ、眼輪筋（目の周囲にある筋肉）が下まぶたを押し上げて目が細くなる、という状態です。口角の上昇に伴い、目が細くなるのが特徴です。これに対し、「作り笑い」は目が開いたまま、口元だけが笑う状態になります。まさに「目が笑っていない」のです。

本物の笑顔
目と口が連動して笑う。

作り笑い
口元だけが笑う。状況を把握するために、大きく目を開いている場合もある。

▶ 相手のストレスの度合いを探りたい

9 ストレスを感じている人の 口元は一直線状になっている

ストレスによって唇に力が入る

「ムッとした表情」という言葉があるように、からかわれた場合などには口が一直線状に結ばれます。これは、ストレスがかかっているときの表情で、不安や緊張、怒りなどを感じているとき、また、隠しごとをしているときにあらわれます。相手のストレスの度合いや隠しごとの有無を探りたいときなどには、何か質問したあとに口元をチェックしてみましょう。

▶ 相手の不安感を知りたい

10 声が高く、早口になったら、 不安を抱えている可能性アリ

声のトーンや会話スピードでわかる感情の変化

　人は窮地に追い込まれると、声のトーンが高くなったり、うわずったりします。もし、会話をしていて、急に相手の声が高くなったら、その話題に関して不安や問題を抱えている可能性が高いでしょう。また、焦りは話すスピードにもあらわれます。いつもの会話スピードよりも速ければ、相手は緊張状態にあると考えられます。

11 | 鼻の下に手をあてたら、話を疑っている可能性アリ

会話中に手をあてた位置で"疑心と感心"がわかる

手先の動きにはその人の心理状態があらわれます。会話中に鼻をこするしぐさや、鼻の下に手をあてている場合は、相手の話を疑っている可能性が高いと言えます。一方、話の内容に同意していたり、感心したりしている場合は、あごに手をあてているケースが多いです（もちろん、相手を疑っているときに、あごに手をあてていることもあり得ます）。相手の表情や言動なども観察して、総合的に判断していきましょう。

鼻下に手＝疑心

話を聞きながら、鼻の下に手をあてていたら、疑っている可能性がある。

あごに手＝感心

あごをさすっていたら、相手の話に同意して、感心している可能性が高い。

12 | 会話中に唇に触れたり、爪をかむ人は、甘えん坊

爪をかむ癖は、自傷行為の一種と言える

考えごとや話をしているときに、唇に触れたり、爪をかんだりする癖がある人は、甘えん坊であり、自立心が弱い傾向にあります。特に爪をかむ癖は「自傷行為」の一種で、ストレス解消のための行為であるとされています。もし、周囲に爪をかむ癖がある人がいたら、頼られすぎないように注意しましょう。

13 | 会話中に髪や体を触るのは、不安や緊張のあらわれ

髪や体を触るのはストレスが原因

髪の毛や体を触る行為は、「自己親密行動※」と呼ばれ、不安や緊張、不満などのあらわれとされています。つまり、不安や緊張を感じたときに、安心感を得ようとして、無意識に自分の体を触ってしまうのです。子供は、親に頭を撫でられたりすると安心するものですが、その延長線上にある行為と言えます。もし、会話中の相手が髪の毛を頻繁に触っていたら、不安を和らげるよう気づかってあげましょう。ちなみに、この「自己親密行動」が多い人ほど、甘えん坊であったり、わがままだったりする可能性が高いと言えます。

※自己親密行動：心理的安心感を得るため、自身の体を触ってしまう行為。

14 手を後頭部に持っていく しぐさは、警戒のサイン

相手を信じていない疑心暗鬼の状態

　話をしている相手が手を頭の後ろに持っていったら、あなたを警戒しているサインです。手を頭の後ろに持っていくしぐさは、照れ隠しなどと思われがちですが、実は、相手のことを信用できない、警戒しているということをあらわしています。これも31ページで紹介した「自己親密行動」のひとつで、不信感や警戒心で緊張した心理状態を和らげるための行為なのです。

15 額に手をあてるしぐさは、 冷静になろうとするサイン

頭の血流を良くし、冷静な思考を取り戻そうとしている

　会話中に相手が額に手をあてたら、緊張している可能性が高いと言えるでしょう。人は緊張感が高まると、無意識に思考を司る前頭前野がある額に手をあてて、冷静な思考を取り戻そうとします。額に手をあてることで前頭前野の血流を改善し、判断力を高めようとしている行為なのです。

16 相手が耳を触り出したら 話題を変えたほうがいい

「退屈」と「緊張」、正反対の心理状態が隠されている

　体の一部を触る癖がある人はたくさんいますが、しきりに耳を触る場合は、正反対の二つの心理が隠されています。ひとつは、相手の話に関心がなくて退屈しているケース。間を持て余してしまい、その隙間を埋めるために耳に手がいくのです。もうひとつは、緊張や不安を感じているケース。そうした心理状態のときは、安心感を得ようとして無意識に耳たぶを触ってしまうのです。この耳たぶを触るという行為も「自己親密行動」（P.31参照）のひとつと言えます。

17 | 拳をギュッと握っているのは 不快感のあらわれ

手先には心理状態があらわれやすい

　相手に対して親近感を抱いていたり、気を許してリラックスできている場合は、手のひらを見せてくれるでしょう。なぜなら、不快感を抱いている相手や緊張を強いられる相手の前では、手はぎゅっと強く握り締められているものだからです。手先というのは心理状態があらわれやすい部位で、無意識のうちに動いてしまうため、相手の本音を見抜くために注目したいポイントです。

18 | 鼻の穴の動きを観察すると 感情の高ぶり度合いがわかる

興奮状態になると鼻孔が小刻みに動く

　相手が興奮しているかどうかを知りたいときは、相手の鼻孔（鼻の穴）に注目してみてください。もし、鼻孔が小刻みに動いているなら、興奮している可能性が高いです。人間は興奮状態に陥ると、呼吸が浅く激しくなり、平静を装っても、鼻孔が小刻みに動いてしまいます。その場合は、下手に刺激しないようにして、相手の気持ちを落ち着かせるよう心がけましょう。

19 会話中に口の端を触ったら 隠しごとをしている可能性アリ

相手の本音を見破るポイントは「指で顔のどこを触るか」

　手で顔のどこを触るかによって、相手の心理状態がわかります。「口の端を触る」というのは、口から出てきそうな言葉を手で覆うしぐさであり、隠しごとをしている可能性が高いと言えます。また、上唇を指でなでるのは、不愉快なことがあると無意識に唇が上がってしまうのを本能的に隠そうとする行為。眉間に手をあててしまうのも、不愉快になったときに眉間に縦じわが入るのをとっさに隠そうとする行為です。「嘘をついているかも!?」と感じたときには、それらのしぐさを注視しておくことで相手の心理状態が読みとれます。

口に手をあてる
→隠しごとをしている可能性アリ

上唇を覆うように
手をあてる
→不愉快になっている
　可能性アリ

眉間に手をあてる
→イライラしている可能性アリ

20 ジェスチャーが大きい人は、「自己陶酔」タイプ

ジェスチャーが大きくなったら、話を誇張している可能性アリ！

　商談や打ち合わせで、身振り手振りを交えて話す人は多くいます。相手に意気込みを伝えるのに大変有効な手段ですが、ジェスチャーが大きい人は「自己陶酔」タイプと言えます。また、あなたの興味を引こうとおおげさな話をしているときにも、急にジェスチャーが大きくなるものです。そんなときは、どんな話でも注意深く耳を傾けてあげましょう。

21 後ろめたい感情があると手足の動作は小さくなる

「隠密動作」で存在感を消そうとする

　後ろめたい気持ちがあるとき、人は「隠密動作」をとることが多いと言われています。人が「隠密動作」をとっているときは、自身の存在感を消そうとして、歩幅が狭く、背筋が丸くなって、手足の動作も小さくなる傾向があります。例えば、前方から苦手な人が向かって来たとき、気づかれないように身を縮め、物陰に隠れるのをイメージするとわかりやすいでしょう。

▶ 相手の心の開放度を探りたい①

22 ポケットに手を入れる癖がある人は秘密主義者

このタイプと腹を割って話すのは難しい

　ポケットに手を入れることが癖になっている人は、自分の本性を人にさらしたくない「秘密主義」タイプと言えます。こういったタイプの人はなかなか本心を明かしてはくれないので、注意深く接しましょう。また、親指だけをポケットに突っ込んでいる場合、それは不安で自信のない心理状態のあらわれと言えます。

▶ 相手の心の開放度を探りたい②

23 座ったときの足の開き具合で相手の信頼度がわかる

足には無意識の心理があらわれる

　無意識の心理は足にあらわれやすいのです。身体感覚は、顔の表情など、頭に近い部分ほど意識できますが、頭から遠くなるほど意識が届きにくくなるからです。その特性を利用し、足の開き具合いで相手の信頼度を探ってみましょう。不安を感じていたり、緊張したりしている場合、座ったときの足は固く閉ざされます。逆に信頼している場合は、安心してリラックスしている状態ですので、ある程度脱力して足は軽く開いています。また、足を投げ出して開いていた場合は、相手を見下している可能性が考えられます。

24 足先があなたに向いていれば、話の内容に興味アリ

足先の向きが意識の方向を示す

　足先の向きで相手の興味の方向がわかります。例えば、足先が話し相手のほうを向いていたら、それがそのまま興味の方向になります。つまり相手の話に夢中になっている可能性が高いのです。もし、足先が話し相手とは別のほうを向いていたら、それは話の内容に興味がないというサイン。足先が別のほうに向いているということは、立ち去る準備があるということです。

25 貧乏揺すりはストレス回避行動 足先で床を叩いていたら要注意！

足元の動きを見極めて適切な対応を

　会話中に相手の貧乏揺すりが気になったら、足先の動きをチェックしましょう。かかとを上下に動かしていたらただの"貧乏揺すり"。貧乏揺すりは、無意識に足を動かすことでイライラや緊張を落ち着かせるストレス回避行動です。ただし、相手が"足先で床をトントン叩いている"場合は、「これ以上自分の中に入ってこないでほしい」という拒否サインですので注意が必要です。足先の動きを見極め、相手を怒らせないよう気をつけましょう。

▶ 会話への関心度を探りたい③

26 話の内容に興味がある人は、前傾姿勢になる

のけ反るような姿勢なら無関心

1972年、アメリカの心理学者アルバート・メラビアンの実験で、ある教師が生徒に対して質問するとき、期待している生徒に対しては前傾姿勢になる、という結果が出ました。つまり、関心のある人との会話や、関心のある話の内容に対しては、聞き逃すまいと前傾姿勢になるものなのです。逆に足を投げ出して、のけ反るような姿勢の場合は、話の内容に関心がない可能性が高いでしょう。

▶ 癖やしぐさから心理を見抜く①

27 首をすぼめて話す人は、相手を警戒している

首元の見せ方で相手の警戒心がわかる

首元を見せるという行動は、信頼、または服従を示します。首には人間の弱点である頸動脈があり、信頼している相手でなくては見せる気にはならないからです。逆に、首元を隠すという行為は相手を警戒している心理のあらわれと考えられます。話しているときに相手がこのしぐさをしたら、あなたの話を理解できず、質問や指摘をされないよう警戒しているのかもしれません。

首元を見せてくる人がいたら、あなたに好意がある可能性アリ。

28 指と腕の組み方で 相手の基本的性格がわかる

「右脳」と「左脳」の機能から性格を判断する

　指を組んだときと腕を組んだとき、左右どちらの親指が上になり、どちらの腕が上になりますか？　それにより性格などがわかります。これは左半身をコントロールする右脳（非言語的、直感的な働きなどを司る）と右半身をコントロールする左脳（言語的、論理的な働きなどを司る）、それぞれの脳機能の面から考えられた説です。この説は非科学的だと指摘されている一方で、確実性が高いと支持されてもいます。下記を参考に、どのタイプになるかを試してみましょう。

●思考の入力（思考の入力を司る後頭葉が関わる）→「理解」の脳タイプ

手を組んだとき、
右手親指が上
→左脳タイプ

手を組んだとき、
左手親指が上
→右脳タイプ

●思考の出力（思考の出力を司る前頭葉が関わる）→「表現」の脳タイプ

腕を組んだとき、
右腕が上
→左脳タイプ

腕を組んだとき、
左腕が上
→右脳タイプ

診断結果	指　腕	
	右脳×右脳 …	直感で処理します。　特徴：楽天的、マイペース、自分好き
	右脳×左脳 …	直感で捉えて論理的に処理します。　特徴：個性的、負けず嫌い
	左脳×左脳 …	論理的な分析思考。　特徴：几帳面、努力家
	左脳×右脳 …	論理的に捉えて直感で処理します。　特徴：大ざっぱ、社交的

▶ 癖やしぐさから心理を見抜く③

29 | ボールペンをカチカチさせる人は集中力が高まっている

注意せずに放置したほうが、相手の作業効率は高まる

　ボールペンをカチカチさせる癖は、作業などに飽きた人がやるイメージがありますが、心理的にはむしろ逆。ボールペンの「カチカチ」というのは、思考に心地良いリズムを生むので、集中力が高まっているときにあらわれる行為なのです。したがって、部下や後輩であっても注意せず、そのままにしておいたほうが、相手は効率良く作業を進められると言えるでしょう。

▶ 癖やしぐさから心理を見抜く④

30 | 携帯ばかり触るのは、気まずさから逃れたいサイン

話さなくても良い空間を作るためにスマホを触る

　二人で対面しているときに、会話もせずにスマホを使用し続けることはありませんか？　その行為には、「気まずい」という本音が隠れています。会話が続かず、何かを話さなければというプレッシャーから逃れるために、「私は今スマホを使用していてそれどころではない」という建前を自分自身に、そして相手に突きつけることで「話さなくてもよい空間」を作り出しているのです。

31 あごを上げるしぐさは、相手を見下すサイン

自分の弱点をあえて見せることで、相手に威圧感を与える

あごを上げて、人間の弱点である首元をあえて見せてくる人がいたら、「お前は恐れるに足りない相手」という意思表示をしているのかもしれません。あごを上げるしぐさは、「相手を見下す」という言葉どおりの行為なのです。人は見下されると嫌な気分になったり、威圧的に感じてしまったりするので、日頃からあごを上げる角度には注意しましょう。

32 胸を突き出すしぐさは、敵対心があるサイン

自分を相手よりも大きく見せようとする反射行動

動物は敵と対峙したときに胸を突き出します。これは相手よりも自分を大きく見せるための行為で、人間にも見られるしぐさです。ひどく怒っている人は敵対心をむき出しにして、胸を突き出してくるでしょう。キレる一歩手前の危険な状態とも言えます。このようなしぐさをしている人がいたら、なるべく刺激しないように接し、まずは自分だけでも冷静さを保ちましょう。

▶ 自分がどう思われているかを探りたい③

33 | 腕の組み方を見れば、相手の不安感&拒絶感がわかる

腕組みは自己保身と関係アリ

腕は自己保身と関係している傾向があると心理学者マイケル・アーガイルは提唱しました。腕組みにも種類がありますが、それぞれに異なる、自己保身のメッセージが隠されています。体を抱え込むように腕組みをしている場合は、不安のあらわれです。普通の腕組みでも体を反らせ、顔が上向きになっている場合は、自分を強く見せようという心理が働いています。また、拒絶をしているときには、脇で手を挟むような腕組みになります。

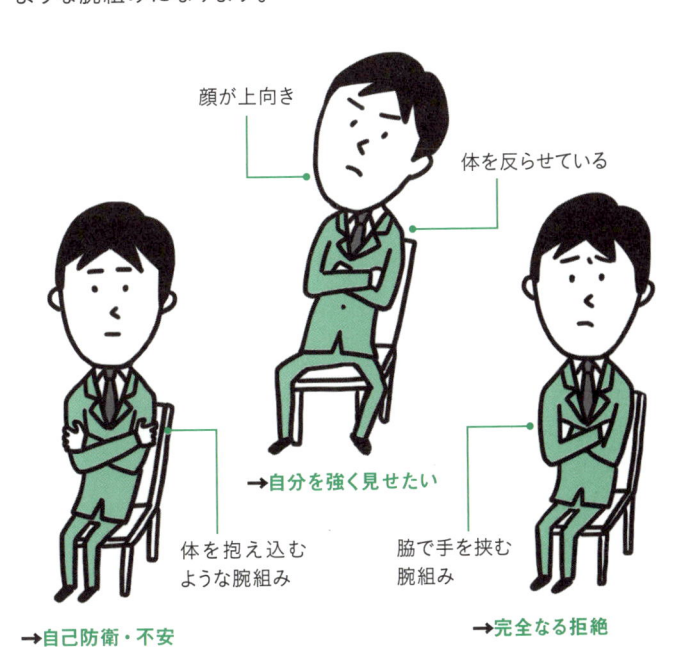

顔が上向き

体を反らせている

→自分を強く見せたい

体を抱え込むような腕組み

脇で手を挟む腕組み

→自己防衛・不安

→完全なる拒絶

34 | 体の縦方向の動きは肯定を、横方向の動きは否定をあらわす

動きに逆らう縦の動きは「快」に繋がる

　否定をあらわすときのしぐさは、首を横に振ったり、手を横に振ったりと、主に横方向に動きます。これに対して、肯定をあらわすときは、頭を上下に振ったり、腕を上げて拍手をしたりと、主に縦方向に動きます。この動き方は、目線でも同様で、対面する相手の目線が真っ直ぐこちらに向いている場合は好意や興味があり、横方向に走らせている場合は興味がない可能性があります。重力に逆らう縦の動きは「快」に繋がり、気分が乗らない否定的なときには、力まずにできる横の動きになりがちだからです。また、目線がずっと下にあるのも力まずにできる動きなので、「不快」の状態と言えます。

好感
興味あり

嫌悪感
興味なし

▶ 話を切り上げるタイミングを探りたい①

35 相手が頻繁に足を組み替えたら話を切り上げよう

足を組み替える頻度で居心地の良し悪しがわかる

椅子に座る際に足を組む癖がある人は多いでしょう。会話中に相手が頻繁に足を組み替えている場合は、居心地が悪いと感じている可能性が高いので注意が必要です。落ち着かない気持ちが、足にあらわれているのです。商談や打ち合わせ中に、相手が頻繁に足を組み替えていたら、リラックスできる雰囲気を作るか、話を切り上げてしまっても良いかもしれません。

▶ 話を切り上げるタイミングを探りたい②

36 指で机を叩くのは、話を切り上げたいサイン

トントンと音を立てて話を妨害しようとしている

無意識に行う手先の動きにはさまざまな心理があらわれます。相手が真剣に話を聞いてくれていると思っても、もし指先で机をトントン叩いていたら、話を早く終わらせてほしいと感じている可能性があります。トントンと音を立てて、無意識のうちに話を妨害しようとしているのです。そんなときは、ポイントだけを伝えて、早めに話を切り上げましょう。

37 早足で歩く人は自分本位 大股で歩く人は親分気質

一人で歩いている姿を見れば、その人の基本性格がわかる

歩いている姿で基本的な性格が診断できます。例えば、ゆったり大股で歩く人は物事を俯瞰で見れるリーダータイプで、早足の人は自分のペースで物事を進めないと気が済まないタイプ。歩くときに音楽を聴いている人は、わがままなタイプと言えるでしょう。周囲の人たちの歩き方の癖を観察してみると、意外な一面を発見できるかもしれません。

38 激しいタイピング音は、 頑張っている自分へのエール

キーボード強打は自分への叱咤激励

パソコンのキーボードを強打するのは、「自分は頑張っているぞ」という自身へのエールです。キーボードを強打したときの「タンッ！」という音で、「自分が頑張っていることを認識したい」といった心理が働いているのです。そんな人を見かけたら「おつかれさま」と一言声をかけてあげると、満足してくれるでしょう。

▶ 会話から嘘を見抜く①

39 声のトーンが上がり、早口でまくしたてる人は嘘をついている可能性アリ

早口に翻弄されないよう会話に"間"を作ろう

　早口になる相手には注意が必要です。早口や声のトーンが上がるのは、緊張状態に入ると声帯が狭まり呼吸が早くなるからです。プレゼンで、あまりにも緊張しているときに、声が裏返ったり、いつもより話すスピードが早くなったりするのと同じ心理状態と言えます。嘘を隠そうとして緊張状態に陥っている可能性が高いので、早口に翻弄されないよう、席を外すなどして会話に"間"を作り、相手をペースダウンさせましょう。

▶ 会話から嘘を見抜く②

40 相手の嘘を見破るには、突然の沈黙が効果的

突然の沈黙が相手の焦りを招く

　会話中に相手が突然押し黙り、無言でこちらをじっと見つめてきたら、あなたはどう思いますか？　多くの人は不安になって、「何かマズいことを言ったかも!?」と焦るはずです。そんなときに場を取り繕おうとして、バレると困る嘘が口をついて出るケースがあります。相手の嘘を見破りたいなら、突然の沈黙も有効な手段です。

会話例

上司：「会社に戻ってくるの遅かったな」

部下：「は、はい……打ち合わせが長引いて」

上司：「そんなに時間掛かったのか？」

部下：「そうですね……」

上司：「…………」

部下：「あの、はい……。あのー……」

41

嘘をついていると感じたら、言葉より態度に注目する

視線や表情などに本心があらわれる

相手の嘘を見抜くポイントは、バーバル面（言語的要素）とノンバーバル面（非言語的要素）が一致しているかどうかです。本当のようなことを言っていても（バーバル面）、視線が定まらなかったり、汗ばんだり（ノンバーバル面）したら、嘘の可能性があります。

バーバル面とは？

言語的要素のこと。口から出る言葉などを指します。

ノンバーバル面とは？

非言語的要素のこと。表情や行動、態度などを指します。

42

予想外の質問を投げかけて、戸惑ったら嘘の可能性アリ

無防備を突いたときの反応には本音があらわれる

ある程度心の準備がなければ、自分に都合の悪いことを突然言われたときには、つい焦ってしまうものです。例えば、やましいことを隠していそうな相手がいたときには、無防備な状態を狙って、唐突な質問を投げかけてみましょう。相手の反応を観察すれば、本音を探れるかもしれません。

会話例

部下：「僕もお酒好きなので、今度ぜひご一緒させてください」

上司：「ああ、もちろんだ。ところで、〇〇くんにパワハラをしたのか？」

部下：「え、ど、どうしてですか？……な、何もしていないです！（汗）」

▶ 質問をして本音を引き出す②

43 「例えばの話ですが～」で、相手の本音を引き出す

仮定の話にすると相手も気楽に答えやすい

　質問をしたところで、必ず相手が本音で答えてくれるとは限りません。また、質問の内容によっては、失礼にあたる場合もあります。そんなときは、「例えばの話ですが」「ひょっとして」など、仮定の話にすると相手にとっては答えやすくなり、会話も弾むでしょう。

会話例

自分：「例えばの話ですが、御社クラスだと30代で年収1000万円はいくのではないですか？」

相手：「いやいや、昔はそうでしたが、今は45歳くらいにならないと無理ですよ」

▶ 口癖から本音を見抜く

44 「何でもいいよ」が口癖の人は、過剰な期待をしがちなタイプ

あえて期待外れなリアクションで抵抗してみる

　「何でもいいよ」が口癖の人の本心は、単に自分で決断するのが面倒なだけではありません。本当に何でもいいと思っているのならまだしも、実は「自分の好みをきちんとわかってくれているだろう」などと、相手に勝手な期待をしているケースもあるのです。そんなときはあえて期待外れな対応をして、相手の身勝手さに対して、無言の抗議をしてみるのも良いかもしれません。

45 │ 他人の陰口の正体は、自分に対するコンプレックス

自分の嫌なところを見ているようで嫌悪感を抱いてしまう

「あいつはケチだ！」などと陰口を叩く人がいますが、そんな陰口を叩く人ほどケチなのです。そして、本人はそうした自分のケチな部分を「嫌だ」と認識しています。自分の嫌な面を他人の姿を通して見てしまったために、嫌悪しているのです。陰口を言う人は、その陰口と同様のコンプレックスを持っているのだと覚えておきましょう。このように、他人の姿を通して自分を見つめてしまうことを、心理学では「投影」と呼びます。

46 │ 独り言が多い人ほどストレスが溜まっている

独り言を言うことで精神のバランスをとっている

ピンチに陥ったときに「やばい！」と思わず呟いたことはありませんか？　ストレスが溜まっているときに独り言が出てしまうのは、自分の中で処理しきれないため、無意識のうちにアウトプットして精神のバランスを保とうとしているからです。ブツブツと独り言を呟く人がいたら、「何か困っていることがあるの？」と、優しく声をかけてあげましょう。

▶ 会話中の癖から本音を見抜く①

47 あからさまな咳払いは、怒りを知らせるサイン

咳払いする人には、反論しないでやり過ごそう

会話中に、これ見よがしに咳払いをしてくる人は「私は怒っているんだぞ」ということをアピールしています。その咳払いに対して文句を言ったり注意したりすれば、更なる怒りを買ってしまうかもしれません。こういう人は、咳払いひとつで周囲を静かにさせることができるという快感に味をしめている傾向があります。やっかいなタイプなので下手に刺激しないよう、その場から離れたほうが良いでしょう。

▶ 会話中の癖から本音を見抜く②

48 昔の自慢話をしたがるのは、自信のなさのあらわれ

自慢話をすることで過去の快感がよみがえる

過去の自慢話を何度も聞かされると、うんざりしてしまいます。でも、自慢話をしている当の本人は周囲のそんな気持ちには気づきません。というのも、その話をしていると一瞬自分にスポットライトがあたった気がして、過去の快感がよみがえってくるから。今の自分に自信がないからこそ、過去の話を持ち出してしまうのです。そんな人には、日頃から「さすがですね」などと持ち上げて自信をつけてあげると、自慢話の回数も減っていくでしょう。

49 必要以上に敬語を使う人は警戒心が強いタイプ

過剰な敬語使いには拒絶効果がある

　親密になれば徐々にくだけた口調になるものですが、頑なに敬語を使い続ける人は、警戒心の強いタイプです。過剰な敬語の使用は拒絶効果があり、相手に仲良くなろうという意志がない可能性が高いと言えます。こちらからどんなに気さくに話しかけても相手が頻繁に敬語を使う場合は、親密な関係になれる相手ではないと、早めに割りきりましょう。

50 大人しい人ばかり怒鳴るパワハラは"小心"の裏返し

パワハラ上司には単独ではなく、職場全員で対抗しよう

　パワハラ上司は、怒りに火が点いたからといって、誰彼構わず怒鳴っているわけではありません。体格の良い人や逆ギレしそうな若手社員、古株社員などはターゲットにしないで、反論しなさそうな人ばかりを怒鳴っているケースが多いのです。これは、パワハラをするのは小心であることの裏返しだからです。小心者のパワハラ上司には、単独ではなく、グループで抗議をすると効果的です。

▶ お互いに心地良い距離感を探りたい

51

上司とは120㎝、友人とは45㎝ 互いの心地良い距離感を保とう

関係性を考慮した「パーソナルスペース」を使い分ける

　電車や飲食店などで座席を探すとき、隣が空いている席を選ぶことが多いでしょう。人は、自分の周りに「パーソナルスペース」という自分専用のスペースを保持したい心理があります。そして、その領域がおかされることにより不快感を覚えます。個人差はありますが、部下や同僚と話すときは、120㎝以内に入られると緊張状態に陥ります。45㎝以内は、恋人や友人など、親しい人でなければ不快に感じる距離です。また、相手が上司や部下ならば、120 ～ 210㎝ほどの距離を保つと良いでしょう。相手との関係性によってどの程度近づくかを意識することは大切です。

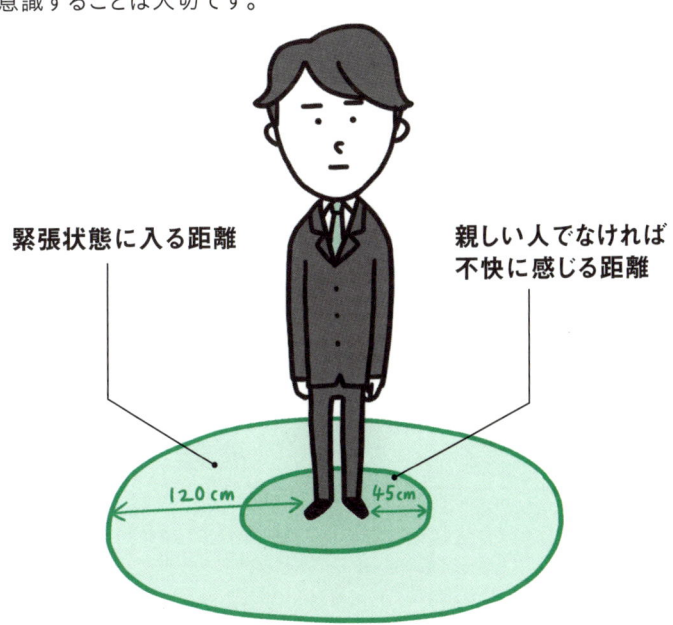

緊張状態に入る距離

親しい人でなければ
不快に感じる距離

120 cm　45cm

52 議論を戦わせたい人は、相手の正面に座りたがる

人の心理は座る位置にあらわれる

　会議の場などでは、次のような法則が見られます。❶前回の会議で議論が白熱した人同士は、お互い向かい合う席に座りたがる。❷ひとつの発言の後には、反対意見が出る可能性が高い。❸リーダーの力量によって、出席者が誰と話したがるかが違ってくる。リーダーの力が弱ければ正面同士、強ければ隣同士で会話する可能性が高い。これはアメリカの心理学者スティンザーにより報告された法則です。企画会議やプレゼンを円滑に進めるために、これらの点に注意して席次を決めると良いでしょう。

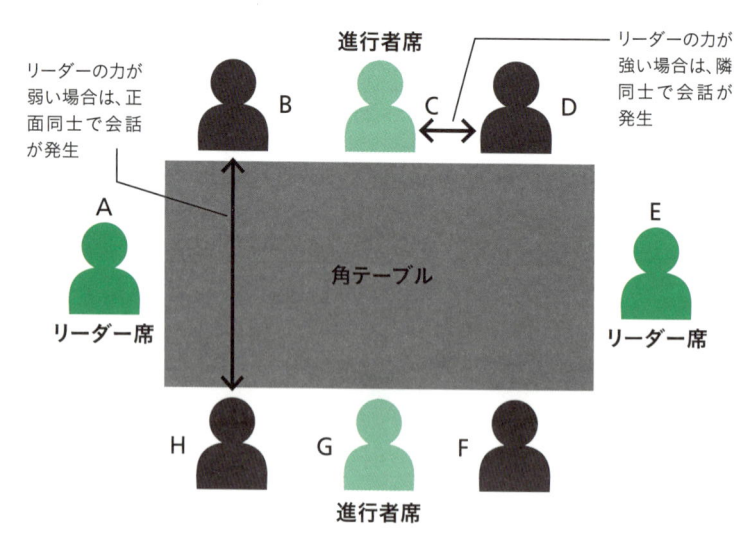

A、E…出席者全体を見渡せるため、リーダーが座るのに適している席。
C、G…出席者の発言を促して議論を活性化させ、状況を分析して会議の流れをスムーズに導く進行者が座るのに適している席。
B、D、F、H…この席に座る人は、あまり会議に対して積極的ではないと思われる。

53 言い訳をする人は、自己保身が強く、人目を気にする

＜ミスを指摘されたときの謝罪パターン＞

Ⓐ 「私の責任ではありません」
と半ば開き直る

Ⓑ 「あの説明ではわかりません」
とこちらの問題を指摘する

Ⓒ 「ほかにもやることがあったんです」
と問題を棚上げし、自己弁護する

Ⓓ 「申し訳ございませんでした」
と素直に謝る

> 謝罪するときには、自己保身のための言い訳をしたり、責任を誰かに転嫁したりしがちです。このような、自尊心を守ろうとする心理を「防衛機制」と呼びます。

ミスを認めて謝罪したほうが印象はアップする

　仕事で失敗したり、上司と言い争ったり、トラブルを招いたとき、どのように謝罪するかでその人の人間性が判断できます。上記の四つの謝罪パターンでは、Ⓓが最も好感を持たれます。理由は何であれ、ミスをしたことを認めて素直に謝罪できるのは、責任感のある人物で、信用できると思ってもらえるからです。Ⓐ〜Ⓒのパターンは、どれも言い訳なので印象が良くありません。言い訳をする人は、自分に自信がないため自己保身が強く、他人の目をとても気にする傾向が強いと言えます。

54 両手の指を絡ませていたら警戒している証拠

正面に飲み物を置いている場合も警戒心アリ

　テーブルを挟んで話すときには、相手の手がどこにあるかを注目してみましょう。テーブルの上に置き、自分の前で指を絡ませて組んでいたら、警戒されている証拠です。また、自分の正面に飲み物や調味料を置いたままにしている人も同様です。自分の前にそうした囲いを作り、そのテリトリーの中には入ってこないでほしいという、気持ちのあらわれなのです。相手がそのような行動をとっていた場合は、打ち解けてもらえるようにアプローチの仕方を変えてみましょう。

55 電話口で頭を下げる人は、隠しごとができないタイプ

電話口の言葉と態度のギャップに注目

　電話口で、見えない相手にペコペコ頭を下げる人がいますが、そういう人は隠しごとが苦手なタイプです。頭を下げていることが相手に伝わらなくても、謝罪時などに自然とやってしまう誠実な人だといえます。逆に、電話口では「本当に申し訳ございませんでした」と謝っていながら、別の作業をしていたり、椅子にふんぞり返ったりするような人は、隠しごとが得意なタイプです。

▶ 鏡ばかり見る人の心理を探る

56 コンプレックスがある人ほど 鏡で自分の姿をチェックする

コンプレックスが隠れているかを鏡で確認している

　鏡で自分の姿をこまめに確認する行為は、ナルシストの典型ですが、こういう癖を持つ人ほど肉体的なコンプレックスがあるケースが多いのです。例えば、自分のコンプレックスを隠す服を身につけている場合、きちんと隠れているかを確認せずにはいられず、こまめに鏡を見てチェックしようとします。また、内面に自信がなく、それをカバーするために外見を取り繕っている場合は、その着飾った姿を見て自信をつけようとして、やはり鏡を頻繁に見てしまうのです。

▶ ペアルックを好む女性の心理を探る

57 お揃いを好む女性は、 束縛欲求が強いタイプ

お揃いのものにしたがるのは、縄張りに印をつけるマーキング

　恋人からお揃いの服やアクセサリーなど、身につけるよう提案されることもあるでしょう。一体感を得られるので、喜んで受け入れる人もいるかもしれません。しかし、もし束縛を嫌うのならば、簡単に受け入れないことです。お揃いのものにしたがるのは、「この人は私の恋人」という、自分の縄張りに印をつけるマーキングの意図もあるからです。また、学校や職場に私物を持ち込み、ロッカーや机にたくさん飾っているケースも、縄張り意識の強さのあらわれです。

58 | 苦手な相手には反射的に作り笑いをしてしまう

敵意がある人には、嫌悪の表情が一瞬でもあらわれてしまう

　人間には敵と味方を見分ける本能が備わっています。例えば、苦手な人が前から歩いてくるのを見たら、反射的に筋肉が硬直してしまうでしょう。そのように苦手な人や敵意がある人の前では、嫌悪の表情が一瞬でもあらわれます。口が「へ」の字になったり、眉間にしわが寄ったりしてしまうものなのです。こんなとき、作り笑いをしてごまかそうとしますが、顔のどこかがこわばってごまかしきれません。もし、街中でばったり出会ったときに、相手が一瞬でも不自然な笑顔を見せたら、あなたのことを苦手だと感じているのかもしれません。

敵を前にすると筋肉が硬直して一瞬動きが止まるのは、動物の本能。苦手な人や嫌いな人（自分を否定し、拒絶する存在）にとる反射行動です。

59 気の合う者同士は、話し方やしぐさが似てくる

好意を寄せ合うほど「同調傾向」が増えていく

　仲の良い夫婦の行動はよく似ていると感じたことがありませんか？これは似せようとしてそうなっているわけではなく、無意識のうちに似てくるもので、この現象を「同調傾向」と言います。お互いが好意を寄せ合っているかどうかを見抜きたいときは、頷くタイミングが似ている、ファッションの傾向が似ている、などの同調傾向をチェックしてみると良いでしょう。

> **ADVICE**　　　同調傾向があらわれる例
>
> ・飲み物を飲むタイミングが似ている　・間の取り方が似ている
> ・言葉づかいが似ている　・笑うタイミングが似ている　など

知っておきたい心理の基本

人を動かす「行動原理」

人間の行動は「快・不快」で決定づけられる

　人間の行動には心理的な法則性があり、毎日これに従って行動決定をしています。これを心理学では**「行動原理」**と呼んでいます。もし、相手の心理を見抜いて円滑にコミュニケーションをとりたい、あるいは相手を操りたいと思ったら、この「行動原理」の知識が不可欠です。行動原理にはいくつかの種類がありますが、人間は、大原則として「快か、不快か」という感覚で行動決定していると覚えておくと、それぞれの原理の理解が早まります。ここでは、代表的な行動原理を紹介します。

行動原理 ① 利得最大の原理

　人は、自分が得するようなことがあれば、可能な限りそれを得たいと思います。「人の役に立つなら！」と自分が損をするような行動をとる人もいますが、それは、その人に「良く思われたい」といった気持ちからくる行動なのです。その一方で、人は自分が損をするようなことは最小限にとどめておきたいとも思います。したがって、人は何か行動をする際、損することを避け、得になることを選択してしまうのです。これを**「利得最大の原理」**と言います。

行動原理 ❷ 返報性の原理

　人は得になったり、利益になる行動を選択する傾向があります。しかし、仮に一人で利益を独占できる状況になると、今度はそれを心地良く感じられなくなります。また、一方的に物を与えられると罪悪感を覚えるので、お返しをしたいと思います。これを「返報性（ぼうせい）の原理」と呼びます。また、お返しができないほど与えられ得をしてしまうと、最終的には相手に対して憤りを感じてしまいます。このような罪悪感や心苦しさを「心理的負債」と言います。

> 「行動原理」を知っておくと、心理術についての理解が更に深まります。また、人がなぜその行動をとるのかを知っておけば、心理術を活用するコツも把握できるようになるでしょう。

行動原理 ❸ 類似性の原理

　人は、共通の趣味を持った話の合う相手や、考え方が似ている相手と一緒にいると、安心感を得ます。これを「類似性（るいじせい）の原理」と言います。なぜこのような心理状態になるかというと、同じ意見の相手と一緒にいることで、自分も正しいと思えるからです。価値観の合わない人と一緒にいると、自分を否定されるかもしれず、それにより不快感を抱くことになるのです。

行動原理 ④ 公平性の原理

　行動原理として「利得最大の原理」がありますが、一人ひとりが自身の利益のみを追求することはできません。それでは社会集団が成り立たなくなるからです。公平的にあらゆるものが分配されないと、人間関係の悪化と崩壊を招きますので、円滑なコミュニケーションを保つには、公平性が重要になってきます。そしてこれを**「公平性の原理」**と言います。

行動原理 ⑤ 社会的証明の原理

　人には「たくさんの人がやっていることは正しい」と思い込んでしまう心理があり、これを**「社会的証明の原理」**と言います。例えば、たくさんの人が「並ぶ」という面倒なことをしてまで入りたい飲食店なのだから、美味しいのだろうと思ってしまいます。この原理は正しい・間違っているの判断の基準になるもので、正解も間違いもないグレーゾーンの問題を判断するときに働きます。

これらの行動原理から、「確かに！」「そういえば……」と感じた人は多いはずです。自分の行動の根幹を知っておくと、その場の感情に流されずに正しい判断ができるようになるでしょう。

第2章

相手を思い通りに操る心理術

「アダムはリンゴが欲しかったから食べたのではない。
禁じられていたから食べたのだ」

——マーク・トウェイン（作家）

Q 新商品のプレゼンで、
短所を伝える最適なタイミングは?

A 最初に長所を伝えた後、短所を伝える

B 最初に短所を伝えた後、長所を伝える

C 長所だけを伝え、短所は伝えない

伝え方を工夫して相手の心理をコントロールする

伝え方をちょっと変えてみるだけで、相手があなたに抱く感情は変わります。伝えるという行為には言葉だけでなく、見た目や声のトーン、相手との距離感など、さまざまな要素が絡み合っています。これらの要素を組み合わせると、会議や商談などのビジネスの場だけでなく、友人との雑談でも印象を大きく変えることができます。つまり、伝え方のテクニックで相手の心理をコントロールして、しかも好印象を与えることができるのです。

上司や先輩と接するとき、部下や後輩を指導するとき、取引き会社と交渉するとき、気になる異性と親密になりたいときなど、適切な伝え方ができれば、あなたの評価がガラリと変わります。また、ビジネスが円滑に進むことはもちろん、良好な人間関係を築くこともできるようになるのです。

答え

B 最初に短所を伝えた後、長所を伝える

心理学では、「片面提示」と「両面提示」という手法があります。相手に知識や経験などが乏しい場合に限っては、良いことばかりをアピールする「片面提示」（選択肢「C」）が信用されます。反対に知識や経験が豊富な人へは、良い面と悪い面の両方を提示する「両面提示」（選択肢「A」「B」）のほうが、信用されるのです。また、「両面提示」では、後に伝えた情報のほうが強調されるので、短所や悪い情報を最初に述べる選択肢「B」がベストでしょう。

60 具体的な数値を示すと 説得力は倍になる！

数値を示せばイメージしやすく、相手の理解を促す

　相手を説得するときは、「たくさん節約できます」と言うよりも、「1年で○○円、10年だと○○○円の節約になります」「バケツ○杯分のムダがなくなります」など、具体的な数値を示すと説得力がアップします。このとき、「500mlペットボトル1本分」など、相手がイメージしやすいシチュエーションで説得していくことがポイントです。数字は相手の理解を促すので、会議やプレゼンなどで伝えたいことを説明するときには必要不可欠な要素です。

▶ 商談を優位に進めたい①

61 商談の成否は、 世間話で9割決まる

雑談で相手の緊張をほぐしてから本題に入る

　商談を上手く進めたいなら、本題以外のことに注意を払いましょう。あいさつもそこそこにすぐ本題に入ると、相手の緊張がほぐれていないため身構えられてしまいます。名刺交換をしたあとは、笑顔で世間話をして、相手の緊張をほぐしてから本題に入ると、話がスムーズに進みやすくなります。落語のマクラと似たところがあるかもしれませんが、あまり深く考えすぎず、「今日は暑いですね」「花粉がすごいですね」といった、天気などの無難な話題から話してみると良いでしょう。

62 慣れた環境で交渉すると物事は有利に運ぶ

事前に下調べして有利な立場を作る

スポーツと同様に、商談やプレゼンの場でも「ホーム（自分たちの本拠地）」と「アウェイ（相手の本拠地）」があります。自社の会議室や応接室を使った交渉は「ホーム」ですが、相手先で行う交渉は、色々な気づかいが必要で落ち着かないため「アウェイ」と言えるでしょう。主導権を握り、交渉を優位に進めたいなら、ホームで行うのがベターです。もし、ホテルや喫茶店などホームでもアウェイでもない場所で交渉を行うときは、事前にその場所のことを下調べしたり、早めに到着して環境に馴染んでおくと、ホームと同じ感覚で落ち着いて交渉にのぞめるでしょう。

ホーム 自分が有利   **アウェイ** 相手が有利

→ 精神的優位に立て、遅刻の心配がなく、ギリギリまで準備することも可能。

→ 忘れ物や遅刻の心配がプレッシャーとなり、慣れない環境で緊張を強いられる。

63 | 相手を説得するときは、人数の多さで勝負する！

「たくさんの人」の存在をほのめかすと応じやすくなる

「和」を大切にする日本人は、周囲の人のことを気にする傾向があります。この傾向を利用して、「たくさんの人」がやっていることを伝えると、応じてもらいやすくなります。これは「100人が」「1000人が」と人数が増えるほど有効です。例えば、「弊社と取引させていただいている30以上の協力会社様に、ご了承いただいております」と伝えれば、応じてくれる可能性が高まるでしょう。

64 | データよりも実物の提示が相手の印象に残る

言葉や資料ではなく、実物を見せるほうが効果的

ある商品を売り込もうとするとき、データや資料を見せるよりも実物を見せたほうが効果的という実験結果があります。もし、商品を売り込むときは、詳しいデータや資料を示すだけでなく、実物を見せたほうが相手の印象に残り、説得力がアップします。例えば、料理の美味しさを口頭で説明されるより、美味しそうに食べている場面を見せたり、実際に試食させたほうがしっかり伝わるでしょう。

65 過大な要求から提示すると、小さな要求は通りやすい

要求を断ったという罪悪感につけこむ

過大な要求をしたすぐ後に、ダメもとで控えめな要求をしてみると、意外とすんなり受け入れられることがあります。人は断ると何かしらの罪悪感を覚えるので、その心理に乗じることで要求が通りやすくなるのです。これを「ドア・イン・ザ・フェイス・テクニック」（P.182 参照）と言います。

会話例

客 ：「これ 2 千円に負けてくれません？」

店員：「いえ、元々 1 万円の商品なのでさすがに 2 千円は厳しいです」

客 ：「わかりました。では、6 千円でどうでしょう？」

店員：「はい、それなら……」

66 ポジティブな言い換え表現で相手の思考の枠組みを変える

ネガティブをポジティブに変換してみる

同じ内容を伝える場合でも、言い方を工夫すれば相手に与える印象をコントロールできます。例えば「不合格になる可能性が 10％あります」と言われるより、「合格する可能性は 90％もあります」と言われたほうが、チャレンジしようという前向きな気持ちになるでしょう。このように、相手の思考の枠組みを変えることを「フレーミング効果」（P.185 参照）と呼びます。言いづらい要求を通したいときなどに有効な心理テクニックです。

67 値段の端数を「8」にすると 購買意欲がかき立てられる

「8」のマジックで手頃感を与え、購買意欲を刺激する

「1万9800円」「1980円」など、価格の端数によく使われている「8」ですが、この「8」は消費者にお得感を与える効果があると言われています。さらに、「980円」という金額の場合、1000円の商品から少しでも値引きしようとする企業努力が感じられて、消費者に与える印象もアップします。商談などで値段交渉をするときも、金額の端数を「8」にしてみると、契約が成立しやすくなるかもしれません。

68 単位を変えて桁数を多く見せ、 お得感をアップさせる！

単位に目がいかず、桁が多いほうを大きい数字と認識する

人は1桁と4桁の2つの数字を比較したとき、桁数が多いほうを大きい数字として認識しがちです。そのため、多くの人は単位に目がいかず、桁数が多いものを選ぼうとする傾向があります。例えば「ビタミンC1g入り」よりも、「ビタミンC1000mg入り」と表示したほうが目を引きますが、1gと1000mgは同じ量です。このように単位を変えて目を引く方法も、「フレーミング効果」（P.185参照）を使った心理テクニックです。

69 権威ある人の名前を出せば、話を素直に聞いてもらえる

専門家の名前を借りることで説得力を高める

人は「権威ある人」や「専門家」、「著名人」の意見を素直に聞く傾向があります。そのため、あなたの意見に耳を貸さない相手でも、「あの○○さんの本に書いてあったのですが」とひと言つけ加えれば、専門家の意見として受けとめられ、素直に聞いてくれるようになるでしょう。「このエクササイズはおすすめだよ」と伝えるよりも、「あのスーパーモデルも実践しているこのエクササイズはおすすめだよ」と伝えたほうが説得力があり、興味も湧いてくるものです。

70 「みんなそうだから……」は、相手を説得する魔法のフレーズ

「社会的証明の原理」を利用する

人は他人の行動を参考にして、自分の行動を決める傾向があり、これを「社会的証明の原理※」と呼びます。この心理は、方針や企画を決定する会議など、物事の優劣を判断するときに強く働くため、「みんなそうだから……」というひと言が、会議で相手を説得するカギになるかもしれません。

会話例

上司：「これは新入社員みんなやっていることだから」
部下：「わかりました。やります」

- -

自分：「みなさんにこの条件でお願いしています」
取引先：「それならしょうがないですね」

※社会的証明の原理：みんながやっていることは正しいと思い込んでしまう心理。

71 意見の異なる相手には、「〜でしょ」と問いかける

考える隙を与えずに肯定させ、こちらの意見へと誘導していく

意見の違う相手を説得したいときは、「こっちのほうがいいでしょ」と問いかけてみましょう。そうすることで、「どうだろう？」と相手に考える隙を与えず、自分にとって都合の良い方向へ誘導することができます。また、肯定するのが当たり前という雰囲気を演出すれば、スムーズに交渉を進められるでしょう。「こっちのほうが良くないですか？」だと、相手に考えさせてしまうので、「〜でしょ」と決めつけることがポイントです。

▶ 上司や先輩にお願いごとをする

72 小さな要求を受け入れさせて、新たな要求を承諾させる

「一貫性の原理」を利用する

人は、「消しゴム貸して」といった小さなお願いごとは受け入れやすく、また、立て続けにお願いをされるとそれも受け入れてしまいがちです。この心理は「一貫性の原理」（P.176参照）によるもので、人はイエスと言ったあと、その行動を一貫させないと信用に関わると思ってしまうのです。

会話例

上司：「好きなもの頼んでいいぞ」
部下：「じゃあ、お得ランチセットを頼んでいいですか？」
上司：「もちろんだ」
部下：「あとデザートにケーキセットもいいですか？」
上司：「も、もちろんだ……」

※一貫性の原理：自分の行動を一貫させようと思ってしまう心理。

73 | 簡単なお願いを繰り返して、面倒なお願いを承諾させる

行動を一貫させたい心理を利用する

面倒なお願いごとをするときは、一貫した行動をとろうとする心理「一貫性の原理」（P.176参照）を利用すると良いでしょう。はじめに相手が受け入れやすい条件を提示して、段階的に条件を上げていき、結果的にすべての条件を受け入れさせる心理テクニックです。

会話例

自分：「ペン貸して」
同僚：「いいよ」
自分：「消しゴムも借りていいかな」
同僚：「うん」
　　　　⋮
自分：「お金貸してほしいんだけど……」
同僚：「……いくらだ？」

74 | 相手の反発心を刺激して、要求を通す

生意気なタイプほど挑発が有効

生意気な部下や後輩にお願いをするときは、ほめて、けなして相手の反発心を煽ると、要求が通りやすくなります。例えばプライドが高くて気が強い部下に対しては、「さすがの君でも、これは難しいよな？」と伝えると、相手はムッとして、要求をのもうとするでしょう。

会話例

部下：「資料まとめました」
上司：「おお、早いな。ちなみに、TOEIC800点の君でも、さすがにあと2時間でこれを訳すのは難しいよな？」
部下：「……できます、任せてください！」

75 不意打ちのお願いで反射的に承諾させる

相手を思考停止状態に陥らせて承諾させる

不意打ちでお願いごとをされると、頭が真っ白になり、とりあえず一度受け入れたほうが無難だと思い、つい承諾してしまいます。特に、上司や先輩、先生など自分よりも上の立場の人からお願いをされると「嫌われたくない」という思考が働くため、ついつい承諾してしまうものです。優位な立場の人でなくても、自分が嫌われたくないと思っている意中の人の不意打ちのお願いごとに対しても、同様の思考パターンが働きます。

76 | 簡単な前置きで承諾させ、都合の悪い要求を持ち出す

誘い玉で受け入れさせる

「一貫性の原理」（P.176参照）を利用した「ローボール・テクニック」（P.189参照）と呼ばれる心理法則があります。これは、相手にとって都合の悪い要求を隠しておき、「お願いごとをしたい」といった前置きで受け入れさせてから、面倒な要求を持ち出すというテクニックです。最初に「誘い玉（ローボール）」を投げることからこう呼ばれています。

会話例

自分：「本棚の簡単な整理、ちょっとだけ手伝ってくれる？」

同僚：「おう、いいよ」

自分：「それじゃあまず、あの重いロッカーを外に出したいんだよね」

同僚：「う、うん……」

77 | 相手を緊張させることで判断能力を狂わせ、要求を通す

体が硬直したり、心拍数が増えたりすると冷静な思考ができなくなる

人は緊張・興奮すると体が硬直したり、心拍数が上がったりして、冷静な判断ができなくなります。そのため、不快な状況から抜け出したいという一心で、本意ではなくても相手に従ってしまうケースがあります。面倒な要求を受け入れさせたいときは、相手が怖がる話をして緊張・興奮させるのも効果的です。

会話例

部下：「この度の失敗、申し訳ございませんでした」

上司：「君、後日会長と役員たちと面談の可能性がある」

部下：「え、会長と役員!?」

上司：「まぁ、減俸3か月で納得してもらえるよう、まずは私からお願いしてみるが」

部下：「そ、それでお願いします!」

78 優柔不断なタイプには、 二択の質問で追い込む

相手好みの選択肢を示し、選ぶのが当然だと思わせる

　優柔不断でなかなか選べない人に決断させるには、二者択一式の質問で追い込むのがおすすめです。相手が気に入りそうな二つの選択肢を示して、「どちらがお好きですか？」と選ばせましょう。まるで選ぶのが当然という前提で迫ることから、これを「誤前提暗示」（P.178参照）と言います。例えば、どの家電を買おうかと迷っている友人に、「保証のしっかりしている、A社かB社の製品にしたら？」と言えば、どちらかを選ぼうとするでしょう。

79 比較対象を挙げて 相手の判断を誘導する

比較させて相手の選択を操る「コントラスト効果」

　うなぎ屋でうな重が「松・竹・梅」と三つにランク分けされている場合、「竹」のうな重が最も売れる傾向があります。これは、「松」は高いけど「梅」は貧乏くさいという見栄が働き、中間の「竹」なら大丈夫だろうという安心感があるからです。このような心理現象を「コントラスト効果※」と呼びます。例えば、車を買うときにも、高級車は必要ないけれど、あまりにも安い中古車では故障しやすいかもしれない……といった不安感から、ある程度の出費は覚悟してしまうものです。

※コントラスト効果：無意識に、複数のものを相対的に比較してしまう心理現象。

▶ 相手に決断を迫る③

80 優柔不断なタイプには、こちらの決断を伝える

安心感を与えてスムーズに決断させる

優柔不断の原因のひとつは、失敗したくないという心理にあります。失敗を恐れるあまり決断できない人には、まず「こちらにしましょう！」とあなたから決断し、推奨します。そして、「これで失敗しても私の責任です」と、その人に責任はなく、失敗しても問題にならないことを強調して、背中を押してあげましょう。

▶ 相手に決断を迫る④

81 傾聴すれば、相手が勝手に解決方法を見つけてくれる

話を聞き続けて、相手に解決方法を見つけさせる

言葉をあまり使わずに相手をコントロールする方法に「傾聴[※]」があります。傾聴には、相手に話をさせることで気持ちを整理させ、現状を打破する方法を自身で見出させる効果があります。誰かの相談に乗るときには、話をじっくり聞くことに専念すれば、相手は自分の気持ちや状況を話しながら整理でき、解決方法を次第に自身で見つけ出していくでしょう。

※傾聴：相手の話を真剣に、じっくりと聞くこと。

82 | 相手より高い目線で話すと 支配しやすくなる

近くに立ち、見下ろすように話しかける

相手の目線よりも高い位置から話をすると、威圧感を与えるだけでなく、相手を見下ろすことで支配権を持っていることを誇示することができます。部下や後輩が座っているタイミングを見計らって、近くに立って見下ろす形で指示出しをすれば、すんなり動いてくれるでしょう。

83 | 部下を動かすには、 命令よりも"確認"が効果的

確認のほうが素直に動いてくれて、尊敬もしてくれる

部下や後輩に仕事を頼むときは、確認するスタンスでお願いすると効果的です。また、命令ではなく、確認する上司のほうが評価も上がり、尊敬されやすくなるでしょう。例えば、コピーをとり忘れている部下に対しては、「早くコピーとってこい！」と命令するよりも、「コピーとってくれた？」と確認するほうが、相手はすんなり動いてくれるものです。ただし、確認をしすぎると、うっとうしがられることもあるので注意しましょう。

84 「みんなやっているから」で相手を思い通りに動かす

一人が動くと全員が動く「モデリング」を利用する

　人は、他人の行動に影響を受けて、同じように行動しようとする傾向があります。これは「モデリング※」と呼ばれる心理法則です。この心理テクニックを利用して、相手を「みんなやっているから」という心理状態に導けられれば、思い通りに動かすことができます。例えば、「朝一番の報告は絶対にしてくれよ。みんなやっているんだから」「みんな連絡はメールじゃなくて電話でしてるよ」と伝えれば、それにならった行動をしてくれるでしょう。

※モデリング：他人の行動と同じような行動をとってしまうこと。

85 一貫して主張し続ければ最終的に受け入れられる

少数派が多数派を切り崩す心理テクニック

　集団の中で意見を通したいときは「モスコビッチの方略」（P.188参照）が有効です。これは「マイノリティ・インフルエンス」（少数派が多数派に影響を与える）という原理のひとつで、一貫した態度をとり続けることにより、多数派に影響を与えることができるという心理法則です。例えば、1回目の会議で不評だった企画でも、会議の度に「これは面白いんです！」と言い続けると、次第に周囲は自分の感覚が間違っている気がしてきて、「実は面白いのかもしれない……」と思い始めるものです。

86 一人を集中的に注意することで、その意図は全員に伝わる

無意識のうちに怒られた気分になる

集団全体に対して注意してもあまり効果が上がりませんが、その中の一人だけをきつく叱ると、その注意が集団全体に波及します。これは「暗黙の強化」という原理に基づくものです。もし、職場のムードを引き締めたいときは、ほかの人たちが見ている前で一人だけを叱ると、高い効果が得られます。このとき、注意された人の能力が高ければ高いほど、周りに与える影響が大きくなるでしょう。

ADVICE　　　　注意すると効果的なタイプとは？

・能力が高い人を選ぶ
・後々引きずらないような、神経の太い人を選ぶ

87 | 注目を浴びたいなら、相手に "違和感" を与えよう

いつもと違う服装をして一目置かれる存在に

　自分を「気になる存在」にするためには、相手に "違和感" を与えるのがポイントです。人は違和感を覚えると、その矛盾をどうにか自分の中で解消しようとして、むしろ「気になってしまう」状態に陥ります。例えば、落ち着いた渋めのスーツを着ているのに、派手なプリントの入ったネクタイを着用すれば、「朝時間がなかったのかな？　それとも、子供からのプレゼントかな？」といった具合に、周囲から気になる存在として一目置かれるでしょう。

88 | 話の途中で "沈黙" を作ると、聞き手は話し手に注目する

話をきちんと聞いてほしいなら、あえて間を空けて注目を集めよう

　会話ではテンポ良く話すことも重要ですが、沈黙を効果的に使うことも効果的です。会話中に突然黙り込むと、相手は無意識のうちに注目してしまうのです。もし、話の途中で言葉に詰まっても焦らず、少し間をとってから再び話し始めましょう。沈黙によって、相手はしっかり話を聞こうという気持ちがより強まります。プレゼンや会議の場で、話に集中してもらえていないと感じたときは、意図的に沈黙を作ってみましょう。周囲は、あなたの話に注目するはずです。

89 知り合って間もない人ほど ほめ言葉で信頼関係を築こう

つき合いの浅い人からほめられると喜びが倍増する！

　引っ越しや転勤をすると、周囲は見知らぬ人ばかりで戸惑うことが多いでしょう。新たな環境で良好な人間関係を築くためには、相手を積極的にほめるのがポイントです。人はつき合いの長い人にほめられるより、馴染みが薄い人からほめられたほうが心に響いて格段にうれしく感じるもの。この心理法則を「アロンソンの不貞の法則」（P.174参照）と言います。初対面の相手をさりげなくほめることでお互いの距離が一気に縮まり、信頼関係を早く築けるでしょう。

90 「バーナム効果」で 自分の理解者だと思わせる

誰にでも当てはまる言い回しで信憑性を高める

　占いやスピリチュアル診断などでよく使われる心理テクニックとして「バーナム効果」（P.182参照）があります。バーナム効果は、誰にでもあてはまることを、さも目の前にいる人だけに該当するかのように伝え、言葉の信憑性を高めて、信頼させる心理術です。

例：「最近、少し疲れているみたいだね」

　　実際は疲れているように見えなかったとしても、このフレーズを投げかけられた相手は「この人は自分のことを理解してくれている」と思うでしょう。忙しい、忙しくないに限らず、働いている人はどこかで疲れを感じているものです。誰にでもあてはまることですが、こんな言葉を投げかけると、相手の信頼を得られるかもしれません。

91 | ありのままを正直に伝えると相手も自己開示してくれる

自分の情報を開示して、相手からの信頼をゲットする

　信頼度を高める方法のひとつに「自己開示」（P.179参照）があります。これは、自分のありのままの情報を相手に伝えるテクニックで、自己開示することで相手は、「自分のことを信頼してくれている」と感じるのです。また、自己開示をすると「返報性の原理※」（P.61参照）が働いて、同じように相手も本当のことを話してくれるようになります。相手のことを知りたければ、まずは自分のほうから自己開示することが大事です。

※返報性の原理：お返しをしたいと思う心理（P.61参照）。

92 | 自分自身を「希少価値」にして、手に入れたいと思わせる

手に入れるのが難しいものほどほしくなる

　プレミアム商品や宝石など、人は数が限られたものは価値が上がるという原理を知っているため、希少なものに価値を見出します。また、それを手に入れるのが難しければ難しいほど、どんどんほしくなってしまう傾向もあります。例えば、お店のポップや折り込みチラシなどで「限定5個」「在庫わずか！」といった表現を目にすると、購買意欲が刺激されて、手に入れたいと思うものです。これと同様に、取得難度の高い資格や珍しい特技を身につけていれば、あなたの希少価値が上がり、勝手に評価が高まるでしょう。

93 | 美男美女と一緒にいることで、凄い奴だと思わせる

「後光効果」を利用して、優秀に見せる

　容姿端麗というだけで、なぜかその人が優秀に見えてしまうことを心理学では「後光効果」と呼びます。この効果は本人だけでなく、美男美女と行動している周囲の人たちにも影響を及ぼします。例えば、知的で美人の部下を連れていると、「あんな綺麗な人を部下に持っているということは、きっと優秀な人なんだろう」と思わせられます。このとき、引き連れていく部下は、異性を選びましょう。同性の場合だと、美男美女の引き立て役になってしまう可能性があるからです。

> **ADVICE**　　もっと知りたい、後光効果
>
> 　容姿端麗の人は、その外見的要素によって、中身も素晴らしいと思われる傾向があります。また、それは容姿に限らず、学歴などでも同じで、「国立大学卒なら、きっと真面目で仕事もできるのだろう」と周囲は思ってしまうことがあります。「後光効果」は、「ハロー効果」（P.183参照）とも呼ばれています。

94 | 第三者経由のほめ方で、信憑性と好感度を高める

第三者を介した情報で信憑性を高める

　人からほめられたらうれしく感じるものですが、直接ほめられるよりも、第三者を介してほめられるほうが印象に残るものです。この心理効果を「ウィンザー効果」（P.176参照）と呼びます。異性から直接「かっこいいね」と言われても、どこかお世辞や冗談交じりに聞こえてしまいますが、「○○さんが、君のことかっこいいって言ってたよ」と伝えると信憑性が増すのです。また、この「ウィンザー効果」は伝えた人の好感度まで高める効果があります。例えば部下をほめたいけれど照れくさい場合は、「あいつが君の頑張りをほめていたよ」と伝えると、自分の好感度と部下のやる気をアップさせることができるでしょう。

95 あえて頼みごとをして、相手の満足感を刺激する

頼られたという満足感が、好ましいという感情に変わる

相手との距離を縮めたいときは、あえて頼みごとをしてみましょう。頼みごとをすると、「厄介ごとを押しつけるので嫌われるのでは？」と思うかもしれませんが、実はまったく逆の効果があります。頼みごとの内容にもよりますが、相手からすると頼りにされたという満足感や優越感が得られ、むしろ親近感が湧くのです。特にリーダー気質の人に使うと効果的なテクニックです。

96 小さな頼みごとを積み重ねて、相手に好意を芽生えさせる

頼みごとを承諾するのは好意を持っているから、と錯覚させる

頼みごとを承諾するのは、相手から嫌われたくないという心理や、相手の要望に応えたい、といった好意が働くためです。そのため、特定の相手に小さな頼みごとを積み重ねると、承諾する相手にも「頼みごとに応えるのは、自分も好意を持っているからかもしれない」という錯覚が芽生えてきます。気になる相手がいたら、「ちょっとボールペン貸してくれない？」といった、相手の負担にならない小さな頼みごとを積み重ねていくと、親密になれるかもしれません。

97 | 親密度を上げる ボディタッチのコツ

女性から男性へは積極的に、男性から女性へは注意深く

アメリカで行われた実験によると、男性客の体に自然に触れながら接客したウエイトレスは、触れずに接客したウエイトレスよりも4割多くチップをもらいました。つまり意識的に相手の肌に触れると親密度を上げることができるということです。特に、女性から男性へのボディタッチは効果的。男性から女性へのボディタッチは相手を緊張させてしまうケースがあるので、注意が必要です。

ADVICE　　ボディタッチするときの注意点

・タッチするなら二の腕が無難
・女性は頭をなでられたり、髪の毛を触られるのに弱い
・ぎこちなく触ると、かえって逆効果になる

---

98 意中の相手と仲良くなるには、「コンプレックス」を共有する

ネガティブ・コンテンツを共通の敵にする

人は"共通の敵"を見つけると結束力が強くなります。ビジネスでは上司や取引先など、周囲から敬遠されている人の情報を共有して、チームの結束力を高めるのも方法です。ただし、特定の人を標的にすると職場がギスギスすることもあるので注意しましょう。もし、意中の相手と親密になりたければ、「ネガティブ・コンテンツ」を使うのも有効です。例えば、「カラオケが苦手」「人見知り」など、コンプレックスを共有することでも親密度を高めることができるでしょう。

99 持ちつ持たれつこそ長続きするベストな関係

尽くしすぎ、尽くされすぎは関係を歪める危険サイン

もし、あなたが相手の役に立とうとして尽くしすぎていたら、それは危険なサインです。カップルを対象にお互いの貢献度について質問したアンケートによると、相手から貢献を受けていないと回答した人の多くが別れており、また、相手に貢献していると回答した人も別れているケースが多かったといいます。パートナーとの関係を長く続けたいなら、お互い持ちつ持たれつの対等な関係作りを心がけることが大切です。

100 一対一の会話で 親密な関係を築く確率が高まる

相手が話を聞いてくれる状態を確保する

　もし、親密になりたいなら、二人きりになれるチャンスを逃さないようにしましょう。誰でも複数の人がいる前では、周囲の視線が気になり、萎縮して思い切った話ができなくなるものです。また、大人数で話すと、相対的に自分が話す時間が短くなります。一対一の会話なら、相手が自分の話をきちんと聞いてくれる、かつ、お互いに話す時間も確保できるので、親しい間柄を作れる確率がグンと高まります。

101 自分の弱みを適度に見せると 相手は親近感を抱いてくれる

上司や先輩には強がらず、弱みを見せて頼ってみよう

　人は、自分の権威や名誉を守るために、発言や行動に気を配り、弱みを見せないようにするものです。しかし、相手に弱みを見せることは人間らしさを感じさせ、親近感を湧かせるというプラス効果もあります。無理して強がらずに弱みを見せて、周囲の人に頼る勇気も必要なことです。特に上司や先輩には強がらずに「最近仕事が上手くいかないんです……」などと頼れば、きっと力になってくれるでしょう。

102 | 返事や相づちなど、何気ないしぐさで上司の欲求を満たす

相手の欲求を満たすと、あなたの存在が大きくなる

　苦手な上司や先輩と良好な人間関係を築くのはなかなか難しいものです。しかし、苦手だからと避けたり、冷たい態度をとり続けていると「悪意の返報性※」の原理が働いて、ますます関係が悪化してしまいます。上司に呼ばれたら愛想良く返事をし、会話の笑いどころで一緒に笑い、相づちをきちんと打ってみましょう。そういった行動の積み重ねで、相手の「上司として認められたい」という欲求が満たされていくため、関係を改善することができます。

※悪意の返報性：「返報性の原理」（P.61参照）に基づいて、悪意もお返ししたいと思ってしまう心理。

103 | 「なるほど」という相づちで会話への興味をアピールする

話を「聞いている」ことをアピールすれば気に入られる

　目上の人に気に入られるためには、話を「聞いている」ことをアピールすることが重要です。このアピールに効果的なのが"相づち"です。もし相手の話がつまらないなと思っても、「なるほど」と大きなリアクションをとることで、相手はどんどん気分が良くなっていくでしょう。また、上司や先輩と話すときは、「それでどうなったのですか？」などと、次の展開を促す表現を多用すると、相手の満足度が高まり効果的です。

104 | 成績不振の部下には、期待感を示す

期待してあげると、それが現実となる

　部下を叱って伸ばすか、またはほめて伸ばすか、上司の立場にいる人は悩むところでしょう。部下を伸ばすには、期待を込めてほめてあげることが重要です。ほめることによりやる気が芽生え、成績も向上します。心理実験でも結果が出ていることで、人は期待された通りの結果を出そうとする傾向にあるのです。この心理法則を「ピグマリオン効果」（P.183参照）と言います。

105 | 「〜してもらえる？」は、部下を動かす魔法のフレーズ

プライドの高い部下へは優しく指示を出す

　部下に指示を出すときは、「〜しろ！」というような命令口調ではなく、「〜してもらえる？」とお願いすると、気持ち良く指示を受けてもらえます。部下や後輩を「従わせよう」とは思わず、相手の気持ちを考えてお願いすると、スムーズに仕事が進められます。

会話例

✗ NGケース

上司：「この書類をまとめておけ！」

部下：「……、やっておきます（イライラ）」

◯ OKケース

上司：「この書類、まとめておいてもらえる？」

部下：「はい、承知しました」

106 あえて自身の失敗談を語り、共有感を持たせる

失敗という共有体験で親密感と向上心が芽生える

「僕が君くらいの年齢のときは、社内でナンバー3に入る営業成績を上げていたよ」といった上司の武勇伝は、部下に煙たがられがちですが、上司の失敗談は好感を持たれます。「君くらいの年齢のときに、見積りを間違えて会社に大損害を与えたことがあるよ」など、若手時代の失敗談を語ることで、部下は上司と共有体験をしている錯覚を起こし、親密感と向上心が芽生えるでしょう。部下と信頼関係が築けているほど有効なテクニックです。

107 話に興味津々な相手には、結論をあと回しにして話す

結論を最後に持っていき、場を盛り上げる

当たり障りのない話をしてから、重要な話を切り出す方法を「クライマックス法」（P.178参照）と呼びます。このテクニックは、話を筋道立てて理解したい相手や、あなたの話に興味を示して、きちんと聞いてくれそうな相手に有効です。また、商談や打ち合わせでも、相手があなたの話に興味を示していたら、結論や重要な情報をあと回しにしたほうが盛り上がり、優位に進められるでしょう。

108 話に興味がなさそうな相手なら、結論を先に話す

前置き抜きで本題から伝える

前述した「クライマックス法」に対して、重要な話を先にする方法を「アンチクライマックス法」（P.178参照）と言います。これは、あなたの話にあまり興味を示していない相手や、結論が見えないとイライラする相手に効果的な心理テクニックです。また、電話営業をする場合もアンチクライマックス法が有効とされています。これは長々と前置きするよりもすぐに本題を切り出したほうが、無下に断られる可能性も低くなるからです。

109 大きな身振りで話して、頼もしく感じさせる

相手にアピールしながらリラックスもできる

相手に力強い、頼もしい印象を与えたいときは、ちょっとおおげさなくらいの身振り手振りを心がけましょう。商談やプレゼンなどで、相手に熱意を伝えたいときは、話のポイント部分でオーバーアクションになると効果的です。また、大きな身振り手振りは自分自身をリラックスさせる効果もあるため、緊張する場面では意図的にオーバーアクションをとることをおすすめします。

110 相手が落ち込んでいるときこそ親しくなるチャンス！

自己評価が低くなった相手に救済の手を差し出す

　落ち込んでいる人は自己評価が低くなり、自己肯定感が持てない状況にあります。部下や同僚がこのような心理状態のときは、「どうしたの？」と優しく声をかけて共感してあげると、相手の心はあなたになびきます。恋愛でも同様の手が使えるので、気になる相手が落ち込んでいたら、優しく声をかけてあげましょう。

111 相手を肩書きでなく名前で呼ぶ習慣をつける

名前を呼ぶことは相手を認めている報酬行為

　名前を呼ぶことは「あなたのことを認めている」という報酬行為になるため、相手の名前を頻繁に呼ぶと親しくなれます。役職に就いている人を呼ぶときは、「部長」「課長」などの肩書で呼ぶのではなく、「田中部長」のように名前をつけて呼ぶと、親近感が増します。

○○さん

○○課長

○○先生

○○くん

112 相手の得意分野で雑談すると打ち解けてもらいやすい

自分からアプローチして苦手意識を解消しよう

　苦手な人にはなるべく近寄りたくないと思うものです。しかし、避けてばかりいると、「返報性の原理」（P.61参照）で相手からも嫌われてしまいます。苦手な人に対しては、仕事でも趣味でも、相手の得意分野について質問をすると、気持ち良く話してくれるはずです。また、教えを請うスタンスで話しかけると、より効果的に距離を縮められます。「○○さんは××に詳しかったですよね。いろいろと教えてもらえませんか？」と自分からアプローチしてみましょう。

113 ちょっとした親切を積み重ねて相手に「貸し」を作る

一方的に親切にされると、恩を返そうという気持ちが芽生える

　人は、親切にされると、何かお礼をしなければという気持ちになるものです。そのため、一方的に親切にされ続けると、何か借りができたようで落ち着かなくなります。また、恩のある相手から頼まれると、面倒なことでも引き受けざるを得ないという気持ちになるものです。「情けは人の為ならず」という諺のように、親切は必ず自分に返ってきます。日頃から小さな親切を積み重ねておくと、自分が困ったときにも助けてもらえるでしょう。

114 | 自由を与えたほうが 仕事の効率はグンと上がる

動きを鈍らせる「監視」、伸び伸び動かす「放任」

　同じオフィスで、上司、部下、同僚が一緒に仕事をすると、コミュニケーションがとりやすいというメリットがあります。しかし、その反面、同じ空間で大人数が働くと、集中力や作業効率に悪影響を与えるとも言われています。これは、他人から見られていると人はストレスを感じ、普段通りに動けなくなるからです。もし、あなたが上司なら、部下を監視するのではなく、自由を与えて、伸び伸びと仕事をさせたほうが作業効率が上がるケースもあると覚えておきましょう。

`監視`

監視されるとストレスを感じ、十分なパフォーマンスを発揮できない。

`放任`

放任されると伸び伸びと仕事ができ、作業効率や生産性が上がる。

115 相手の自尊心をくすぐって前向きにコントロールする

期待を込めた言葉をかけると、やる気を失わない

仕事の基本と言える「報・連・相（報告・連絡・相談）」をしないまま、マイペースで動いてしまう部下を注意すると、反発心からやる気を失ってしまうケースがあります。そんなときは、「がんばっているね。忙しすぎるときはフォローするから、仕事状況を報告してね」などと、相手の自尊心をくすぐる言葉を投げかけましょう。すると、その部下は上司の期待に沿うべく報告するようになり、やる気を失わずに前向きに仕事に取り組むようになるでしょう。

▶ 部下・後輩を指導する③

116 同じミスを繰り返す人には、レポートを書かせよ！

冷静に自分と向き合い、自発的に行動を改める

仕事で同じミスを繰り返す人は、本音の部分ではそれほど悪いことをしたとは思っていないふしがあります。このような懲りない人の行動を改めさせるには、ミスの原因をレポートにまとめさせ、重大な事態だと認識させることが有効です。文章にまとめることで、ミスをした自分とじっくり向き合えるため、自発的に行動を改めるようになるでしょう。

117 | 「ダメ！」と禁止することで 相手の意欲をかき立てる

好奇心を利用して相手を動かす

　人は「見ちゃダメ！」と言われるとつい見たくなり、「やっちゃダメ！」と言われると、ついやりたくなってしまいます。雑誌の袋とじを見たくなるのは、こうした心理が働くからでしょう。他人から禁止されると無性にやりたくなるのは「カリギュラ効果※」と呼ばれる心理です。この名称は、ローマ皇帝カリギュラを描いた映画の内容が残酷すぎると、ボストン市で上映禁止にしたことで、かえって人気を集め、市民が隣の市まで見に行ったことに由来します。「君にこの仕事はまだ任せられないが……」と部下に言うことで、かえって興味と意欲がかき立てられ、頑張ってくれるかもしれません。

※カリギュラ効果：禁止されることで、興味が出てきてしまう心理。

118 | 「ちょっとだけ」と言われると応じざるをえなくなる

耳を傾けてもらうために条件を提示してお願いする

いつも忙しそうにしている上司や先輩には、声をかけづらいものです。しかし、ビジネスでは、緊急で上司の判断を仰いだり、了解を得なければいけない場面もあります。そんなときは、「少しのお時間だけ」「3分間だけ」などと、条件を小さく提示して相談すると良いでしょう。極小の条件つきで相談されると、「ちょっとくらいなら応じてあげよう」という良心から時間を作り、話を聞いてくれるはずです。

119 | 「○○さんだからこそ」という言い方で、自尊心をくすぐる

「限定・希少価値効果」を利用して、頼みごとを引き受けさせる

心理学でいう「限定・希少価値効果※」は、「今だけ」「ラスト一品」「今から5分間だけ」など、今、行動を起こさないと間に合わなくなるという、相手の意欲をかき立てる心理テクニックです。これを職場のコミュニケーションに応用すると、「○○さんだからこそ、この用件を相談したい」という言い回しができます。相談された相手は自尊心が満たされ、ついつい難しい仕事まで引き受けてしまうでしょう。

※限定・希少価値効果：今手に入れないと、損をすると思ってしまう心理。

120 | 権威者の名を使い、相手を問い詰める！

「虎の威」を借りて白状させる

　誰かがミスをしたり、嘘をついたとき、問い詰めてもなかなか素直に白状しない場合があります。そのような場合、「○○さんが知ったらどう思いますかね」「△△部長に報告しますよ」「社長から呼び出されますよ」など、相手が権威を感じている人の名前を出してみると効果的です。権威ある第三者の前で嘘を見透かされるのは耐えがたいという心理が働き、自発的に白状する可能性が高まります。

121 | 「ご存知の通り」の一言で相手の反論を封じる！

先手を打って周知のことにする

　説明を続けているときに、唇をきつく結び、目を見開いて見つめてくる人がいたら、それは反論したくてウズウズしているサインです。こういう人がいたら、「みなさんご存知の通り」「ご承知のことと思いますが」など、機先を制して、話に先手を打っておきましょう。「ご存知の通り」と言っておくと、そのことに対して「知らない」と言いづらくなるため、相手の反論の幅を狭めることができます。

122 相手と距離をとりたいときは、二人の間に携帯電話を置く

携帯電話があると相手との距離を感じる

男女のカップルの間に携帯電話があると、お互いに距離を感じるという実験結果が出ています。もし、相手と距離をとりたいと思ったら、二人の間に携帯電話を置いてみましょう。携帯電話が境界線となり、お互いの距離が自然に離れていくように感じるはずです。

123 上体を90度曲げた大げさなお辞儀で誠意を示す

頭を下げて少し静止する

最も丁寧なお辞儀の角度は頭を45度傾けるとされていますが、謝罪時に相手を納得させるには90度のお辞儀が効果的です。頭を下げ、しばらく静止してから頭を上げましょう。また、上体を倒すと気道が狭くなって声が詰まるため、反省を強く印象づけることもできます。

124 謝罪は時間差をつけると 受け入れてもらいやすい

インターバルをとることで、広がった不安が一気に落ち着く

謝罪をするときは、意図的に時間差をつけると、相手の気持ちを一気に落ち着かせることができます。例えば、ミスをしたことを上司に報告するときは、まずその場で謝罪したいことがある旨を告げてから、会議室など別の場所に移動してもらいます。すると、移動している間に、上司は不安感を膨らませるでしょう。そのため、場所を移動して話を聞くと、大きく膨らんだ不安感との落差に拍子抜けしたような感覚に襲われ、簡単に許してもらえるはずです。

▶ 部下・後輩を注意する

125 ポジティブなフレーズで 伝えると効果大！

ネガティブなフレーズは反発を招くだけ……

「生活習慣病になるので食べすぎるな！」など、ネガティブなフレーズは危機感を煽る際に効果を発揮します。しかし、これが逆効果になるケースもあるのです。例えば、「お客さんが来たときに印象が悪いから、デスクを散らかすな！」と上から目線で注意されると、人はつい反発したくなってしまいます。それよりも、朝礼などで「いつもオフィスを綺麗に使ってくれてありがとう」とポジティブな言葉を伝えたほうが、「綺麗にしないとな」と自発的に思うものです。

126 | メモをとりながら相手の話を聞くと好感度アップ！

メモをとる行為は、話を真剣に聞いている無言のメッセージ

　相手が話しているときにメモをとる行為は、相手に好印象を与えます。メモをとることで、「あなたの話を聞き逃さないようにしている」という姿勢が伝わるからです。また、心理カウンセリングでは、カウンセラーがメモをとりながら話を聞くと、より多くの情報を引き出せると言われています。特に初対面の場合、メモをとる姿を見せると第一印象がアップし、相手はあなたのことを信用して、心を開いてくれるでしょう。

127 | 良い面&悪い面の両方を見せて信頼度をアップ！

誠実な情報開示が信頼感をアップさせる

　何かの説明をするときは、良い面だけでなく悪い面も伝えると、相手から信頼されます。これを心理学では「両面呈示※」と言います。商品を売り込むときに、良い面ばかりでなく、悪い面も伝えると「この人は、誠実に情報を教えてくれている」と思われるからです。この心理テクニックは対人関係にも応用可能で、初対面の相手に少しだけ自分の弱点を見せれば、より好感度を上げることができるでしょう。

※両面呈示：あることについて、その良い面と悪い面の両方を伝えること。

128 見られたい自分像に合った身だしなみを心がける

第一印象の9割は見た目で判断されてしまう

　初対面の人と会うときは、自分をどんな人として見てもらいたいかをよく考え、洋服や髪型などの身だしなみを整えることをおすすめします。人は他人のことを見た目で判断しがちです。よほどの有名人でなければ、初めて会う人のことはわからないため、唯一の情報である見た目で第一印象を決めつけがちです。これを「ステレオタイプ効果※」と言います。第一印象は、一度頭に刷り込まれるとなかなか修正されませんので、身だしなみはとても重要です。

※ステレオタイプ効果：初対面の人の第一印象を、見た目で判断して決めつけてしまうこと。

派手すぎない
綺麗に整えられた髪型

体に合った
サイズのものを
着用

スラックスやスカートは
きちんとアイロンがけ
されている

営業や打ち合わせなど、ビジネスで初対面の人と会うときには、
おかしな印象を持たれないようきちんとスーツを着こなしましょう。

▶ 初対面の印象を良くしたい④

129 顔の右側はキリッとした印象、左側は優しげな印象を与える

自分の顔の左右の印象を知り、使い分けよう

　人間の顔を左右に分けると、さまざまな点に違いがあります。当然、顔のかたちは千差万別ですが、おおまかに分けると顔の右側はキリッとした印象、左側は柔和な印象を与える人が多いとされています。まずは、自分の左右の顔の違いを確認してみてください。そして、顔のどちら側がどういう印象を与えるかをチェックしましょう。もし、右側が知的な印象、左側がおだやかな印象であれば、ビジネスでは右側を見せる、プライベートは左側を見せるというように、使い分けてみると良いでしょう。

▶ 初対面の印象を良くしたい⑤

130 初対面の「3秒握手」で信頼感をゲットする

名刺交換をしたら握手を求めてみよう

　普段、あいさつに気を配っていない人は、好印象を与えるチャンスを逃しています。初対面で相手の心をがっちりとつかみたいなら、名刺交換の後、一歩近づいて、握手を求めましょう。握手はビジネス上でも重要なスキンシップです。握手をしたら、そのまま3秒程度、力強く握ってください。すると、相手は、あなたに積極的で力強い印象を抱くため、信頼できるビジネスパートナーというイメージを植えつけることができます。

相手を従わせる！

キラーフレーズ

言い方を変えれば、相手の心理が変わる

私たちは話をするとき、常に相手の立場や感情を考慮しています。例えば、相手が会社の重役ならば、話し方は丁寧になり、角が立たないように言葉を選び、また、相手が怒っている場合は、火に油を注がないように注意するでしょう。それは、物の言い方ひとつで相手に抱かせる感情は変化し、また、言い方ひとつで相手の心理は操れるということを本能的に知っているからです。ここでは、相手の心理を操るキラーフレーズ（殺し文句）を紹介します。

シーン ① 上司や目上の人を従わせたい！

■ 苦手な人にアプローチしたい

✕ NG
○○のこと
知ってますか？

→

○ OK
○○のこと、教えて
いただきたいのですが

POINT 苦手な人にアプローチするときは、その人の興味あることについて話しかけてみましょう。そのとき、「教えてください」と教えを請う形でアプローチし、相手の自尊心を満たしてあげれば、心を開いて話してくれるはずです。

■ 忙しい人に話を聞いてもらいたい

 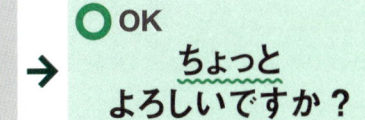

✕ NG
○○の件ですが……

→

○ OK
ちょっと
よろしいですか？

POINT 忙しくてイライラしている上司には、なるべく近づきたくないものですが、どうしても判断や了承を得なければいけないケースもあります。そんなときは、「少しだけ」と条件付きでお願いすると話を聞いてくれます。

■ 上司からの要求を断りたい（ノルマ20％アップを課せられた場合）

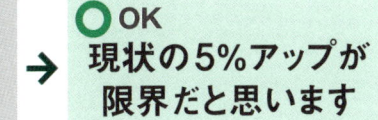

✕ NG
期待に応えられるように
精一杯頑張ります……

→

○ OK
現状の5％アップが
限界だと思います

POINT 上司から無理な要求を突きつけられたときは、渋々従うのではなく、こちらから現実的な数字を提示しましょう。すると、その数字が「基準」になって、現実的な範囲での交渉に持ち込めます（P.175【アンカーリング効果】参照）。

■ やり方を変えない頑固な人を従わせたい

✕ NG
みんなと同じやり方に
してください

→

○ OK
そのやり方、
素晴らしいですね

POINT 頑固なタイプは、自分のやり方を認めてくれる人に対しては、思いのほか親切に対応してくれるものです。一方的に批判したり、理詰めで正すのではなく、いったん相手のやり方を認めてあげましょう。相手を認めたうえで、少しずつやり方を変えるように相談を持ちかけると、聞き入れてくれる可能性が高まります。

シーン② 部下や後輩を従わせたい！

■ 部下の行動を改めさせたい

 ✕ NG
ダメだろ！

→

〇 OK
原因と今後の対策を
レポートにまとめて提出して

POINT 遅刻や仕事のミスを繰り返して、何度注意しても直らない部下には、ただ注意するだけでなく、レポートにまとめさせましょう。そうすると、事の重大さを認識して、自分自身に向き合うので、改善する可能性が高まります。

■ 生意気な後輩に仕事を頼みたい

 ✕ NG
明日までにやっておいて

→

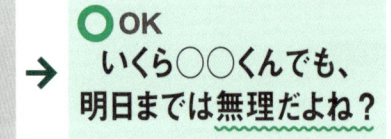 **〇 OK**
いくら○○くんでも、
明日までは無理だよね？

POINT 生意気な相手には、プライドの高さを逆手にとった頼み方が有効です。事務処理能力が高い相手なら「いくら仕事が早い○○でも……」とほめてから、「無理だよね？」と挑発すると、反発心が湧くため、自発的に仕事をさせることができます。

■ 気弱な部下をフォローしたい

 ✕ NG
気合を入れろよ！

→

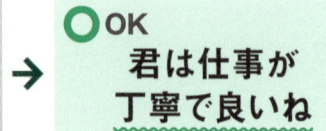 **〇 OK**
君は仕事が
丁寧で良いね

POINT 部下がやる気や自信を失ったり、落ち込んでいる場合、自分が評価されていないと思い込んでいるケースが多くあります。そんな気弱になった部下に対しては、モチベーションが上がるようなフォローの言葉を投げかけてあげましょう。

■ 能力の高い部下に「報・連・相（報告・連絡・相談）」を徹底したい

 NG
きちんと報告して
くれないと困るよ

→

OK
交渉を上手くまとめたね。
どうアプローチしたの？

POINT 能力は高いが、「報・連・相」をしない部下に細かく注意をすると、やる気を失う場合があります。そんな部下には、上司が教えを請う形をとると、自尊心がくすぐられ、自分のほうから話してくれるようになります。

MEMO

部下のやる気を出させる会話例

上司：「P社との交渉、上手くまとめたね。さすがだよ。どうやってアプローチしたのか、そのへんの秘訣や苦労話を聞かせてくれないか」

部下：「え、秘訣や苦労話ですか？　それはたくさんありますけど……」

上司：「じゃあ、私の今後の勉強のためにも教えてくれないかな？」

もともとやる気のある人には、言語的報酬を与えて、更にやる気を出させる「エンハンシング効果」（P.177参照）が効果的です。相手の苦労や頑張りを率直にほめていけば、会話の主導権が握れて、相手を前向きにコントロールできます。

■ 女性の上司が、男性の部下を指導したいとき

 NG
女だからとバカに
しないでください！

→

OK
女性が上司だと
やりにくくないですか？

POINT 男性はメンツを大切にするので、相手を立てる発言を心がけましょう。あとは、タイミングを見て「○○さんは頼りになりますね！」などと男心を奮い立たせる言葉を投げかけてあげれば、男性部下のメンツを保ちつつ、やる気を出させることができます。

■「限定希少価値効果」を使って丸め込む

✕ NG
実はこんなことが
ありまして

→

〇 OK
ここだけの話ですが実は

POINT 秘密を特別に教えるという「秘密の共有関係」によって、親密度がアップします。また、「ここだけの話」ということで「あなただけに伝える」という意味が伝わるので、「限定・希少価値効果」(P.99参照)も働きます。

■ 相手の反発心を刺激して丸め込む

✕ NG
試してみれば
いいんじゃない？

 →

〇 OK
やらないほうが
いいと思うよ

POINT 人には好奇心があるため、「やらないほうがいいと思うよ」と禁止されると、反発心から余計にやってみたくなるものです。もし、何かをやらせたいときは、あえて禁止してみると、反発した相手が思い通りの行動をとってくれるかもしれません。

■ 相手の承認欲求に配慮して丸め込む

✕ NG
ここに物を
置かないでください

 →

〇 OK
どのくらい、ここに
置かれますか？

POINT やってはいけないことだからといって、高圧的に注意すると反発を招いてしまいます。不当な行為をたしなめるときは、相手の承認欲求に配慮して、「どのくらい？」と尋ねましょう。すると、大抵はこちらの意向を察して、素直に受け止めてくれるものです。

第 3 章

苦手な相手を
攻略する心理術

「人に対して感じるいらだちや不快感は、
自分自身を理解するのに役立つことがある」

——カール・グスタフ・ユング（精神科医）

Q 苦手な相手に否定的な意見を言うときのコツは？

A 反対意見をストレートに言う

B まず反対意見を言い、
　その後で相手の意見をフォローする

C まずは賛成意見を伝え、
　「しかし……」と反対意見を切り出す

苦手な相手には適切な対応をとり敵対しないように心がける

誰にでも苦手な相手はいます。

いつも怒っている人やいじわるをしてくる人、他人の悪口ばかり言う人など……。どうしても受け入れられないやっかいな相手にはどう接して、どう対処すれば良いのでしょうか。

相手を刺激してしまうと、怒らせたり、更にいじわるをされることもあるでしょう。ここで大切なのは、相手の怒りを鎮めるテクニックを知ること。そして、いじわるをする罪悪を本人に自覚させてあげることです。

また、心理テクニックを使えば、苦手な相手との距離を縮めることも、広げることもできます。相手との関係や距離感、苦手の度合いを考えて、適切な対応をとれば、余計なストレスを感じることもなくなるはずです。

答え

C まずは賛成意見を伝え、「しかし……」と反対意見を切り出す

反論したいときは「イエスバット法」（P.175参照）が有効です。これは「なるほど」「その通り」などの肯定的な言葉を添え、いったん相手の考えに同調してから、「しかし……」と反論するテクニックです。一度同調すると、相手は容認されたという安心感を得られるため、その続きの言葉にもきちんと耳を傾けてくれます。ポイントは、「しかし、それだとダメですよね」などの否定的な言葉を使わず「しかし、こういう方法もいいと思うんです」など、提案する形をとることです。

131 | 怒らせた相手には、グレーの服を着て謝罪する

グレーは穏やかな印象を与え、警戒心を和らげるヒーリングカラー

　色彩心理学では、グレー（灰色）はソフトな印象を与え、警戒心を和らげる効果があり、周囲の人たちを引き立てる色と言われます。そのためグレーは「ヒーリングカラー」と呼ばれ、相手の気持ちを落ち着かせ、態度も柔和にさせる作用があり、謝罪のときに効果的な色とされています。また、グレーを身につけると、個性を薄く感じさせる効果があるので、自分の存在感を際立たせたくないときに着るのも良いでしょう。

■ 色が心理に与える影響

赤→ やる気を起こさせる

黒→ 威厳や風格、存在感を演出する

青→ 気持ちを鎮静させ、集中力を高める

黄→ 親近感を与える

緑→ 安らぎを与える

ピンク→ かわいらしく、優しい気持ちになる

紫→ 高級感や高貴さを演出する

白→ 純粋さや、無垢なイメージを演出する

ADVICE　　　色彩心理とは？

　色彩心理とは、端的に言えば「色が持つイメージ」「色が与える心理への影響」のことです。色によって、人はやる気が出たり、癒されたりし、更に商品の売れ行きなども左右されるため、マーケティングの分野でも重要視されています。

132 | 相手のしぐさを真似して 共感していることを伝える

上司がカップを
持とうとしたと
きに、同じよう
に自分もカップ
に手を伸ばすと、
相手は親しみを
感じる。

相手と同じ行動をして共感を伝える「ミラーリング」

　相手と良好な関係を築きたいときに使える代表的な心理術のひと
つに「ミラーリング」（P.187参照）があります。これは、良好な関係を
築いている人同士の行動が似てくる「同調傾向」（P.59参照）を応用
した心理テクニックです。苦手な人のしぐさや動作をさりげなく真似
することで、「あなたを受け入れています」というサインを示し、共感し
ていることを相手の潜在意識に伝えることができるのです。

ADVICE　　　「ミラーリング」と「同調傾向」の特徴

　ミラーリング →相手の行動やしぐさを真似して、相手を受け入れてい
ることを無意識に伝えるテクニック。相手は親しみを覚えてくれます。
　同調傾向→良好な関係を築いている人同士の口調や行動が無意識
のうちに似てくることを、心理学用語で「同調傾向」と言います。

133 右側から近づくと安心感を与えられる

人は心臓がある左側に立たれると圧迫感を受ける

　人間は、無意識に心臓を守ろうとする心理が働きます。そのため、心臓のある左側に立たれると圧迫感を受けるのです。また、人間は右利きのほうが多いため、いざというときに利き手が使える右側のほうが、警戒心は薄れるという説もあります。それほど親しくない人に話しかける場合は、右側から近寄って安心感を与えましょう。あまりつき合いたくないと思う人に対しては、あえて左側から近づけば、圧迫感を与えることができます。

あのー…

スイマセン

134 わがままな人には、想像させて従わせる

相手の立場に立たせて、気持ちを想像させる

　わがままな人には、「ロールプレイング（役割演技）」をさせてみると効果的です。わがままを押しつけられる人の気持ちを考えさせることで、自発的な反省を促すことができます。例えば小学生の頃、給食で嫌いなものを残したら「作ってくれた人のことを考えなさい！」と叱られた人もいるでしょう。それと同じで、「君の仕事が遅いから、○○さんは夜中まで待機しないといけないんだよ？　○○さんはどんな気分になると思う？」と指導すれば、わがままな態度も変わっていくでしょう。

135 相手の怒りに萎縮せず、不当な言動を冷静に指摘する

適度な「反同調行動」で怒りを鎮めさせる

　相手の意見や行動を肯定する「同調行動（ペーシング）」（P.186参照）をとると、相手が気分を良くするため、現状の関係が長続きするものですが、逆効果になるケースもあります。例えば、怒っている人に対して「怖がる」という同調行動をとると、相手がつけあがり、怒りが継続してしまいます。怒りで興奮している人には萎縮せずに、「周りに迷惑ですので、もう少し声のボリュームを下げてください！」と、相手の不当な言動を冷静に指摘する適度な「反同調行動（ディスペーシング）」（P.186参照）をとると、怒りを鎮めることができます。

136 怒り出したことを指摘して、相手の怒りを鎮める

怒りやすい欠点を意識させ、感情をコントロールさせていく

　思い通りに話が進まないと、すぐに怒り出してしまう人とは、話のキャッチボールが成り立ちません。キレやすい人には、怒り出したことを指摘してやりましょう。最初は怒り続けるかもしれませんが、次第に、自分がすぐに怒り出してしまうということを認識して、高ぶった感情を抑えることができるようにもなります。周囲が感情をコントロールできるようにするきっかけを作ってあげることも大切です。

137 | 毛嫌いしてくる人には、小さな親切で対抗する

相手に「おや？」と思わせるような行動を積み重ねる

　嫌われている相手と仲良くなりたいなら、まずは相手が自分に対して抱いている偏見を消す必要があります。そのために、普段と違う行動をとって、相手を驚かせてみてください。最初は不審がられるかもしれませんが、徐々に相手の固定観念を薄めていくことができます。ドアを開けてあげる、飲み物を差し入れるなど、簡単なことで構わないので、これまでやってこなかった小さな親切を積み重ねてみましょう。

138 | 「つまり××ということですね」と会話に終止符を打つ

くどくどと長い話を切り上げるとどめの一言

　打ち合わせや会議、電話などで、長話になりがちな人がいます。話を早く切り上げたい場合は、「つまり、××ということですね」と結論づけて、会話を終わらせる流れを作りましょう。それでも長々と続く場合は、「つまり、××ということですね。承知いたしました」と言って会話を強引に終わらせます。もちろん、角が立たないよう、使うタイミングや言い回しには十分注意をしてください。

139 | 汚い言葉を使う相手を "オウム返し" で黙らせる！

汚い言葉を繰り返し、酷さに気づかせる

　下品なことを平然と言ったり、影でこそこそと悪口を言うような人を黙らせるのに効果的な方法があります。その人が使った汚い言葉を確認するかのように、オウム返しをしてやるのです。すると、自分がどれだけ酷いことを言ったのかをわからせることができます。

会話例

相手：「あいつって本当にダサいよなぁ」

自分：「本当にダサい？ダサいって？」

相手：「い、いや、冗談だけど……」

140 | 唐突に自分の話を始めて、不快な言動を遮ろう

不快な言葉は素直に受け止めない

　もし、相手から不快な言葉を投げかけられたら、無視するか、遮るかして、唐突に自分の話を始めてみてください。そうすると相手は面食らい、言葉に詰まってそれ以上は嫌みなことを言ってこなくなります。嫌みや不快な言葉を素直に受け取る必要はないのです。

会話例

友人：「お前って本当にバカだよな」

自分：「昨日、駅前で美味そうな定食屋見つけたんだ。今度一緒に行こうよ」

友人：「え？？　うん……」

141 | 怒っている相手には、鏡を見せて客観視させよう

自分を客観視させて我に返らせる

　人は怒りに火が点くと、気持ちが抑えきれずに怒り続ける傾向があります。そんな怒りを鎮めるためには、鏡を見せるのが有効です。鏡で自分がどれだけ怒っているかを客観的に見せることで、怒っていた人は我に返り、感情の高ぶりが収まります。もし、手がつけられないほど怒っている人がいたら、「髪が乱れていますよ」などと理由を作って、鏡を見せてあげましょう。

142 「それが何か？」「別に」などの適当な相づちが効果的

適当な相づちで、まともに取り合う気がない意志を示す

　あなたの周りに、わざと意地悪なことを言って困らせてくる皮肉屋はいませんか？　このタイプは、他人を落としめることで自分の優位性を確認したいという陰湿な考え方をする傾向があります。皮肉屋には、「それが何か？」「別に……」などと適当な相づちを打ってあしらうのが効果的です。それでも攻撃が続く場合は、「なるほどぉ、なるほどぉ」とおちょくった相づちを打っていると、「この人には何を言っても無駄だ」と感じるようになり、徐々に攻撃しなくなっていくでしょう。

143 しつこい挑発には沈黙で抵抗する！

沈黙の理由を相手に考えさせて黙らせる

　あの手この手で挑発して、わざと相手を怒らせようとする悪質な人もいます。そんなタイプには冷静に対処するのが一番ですが、それでも効果がないときは、「沈黙」を守ってみてください。突然沈黙されると相手は不安な気持ちになります。「沈黙は金、雄弁は銀」という諺があるように、沈黙を守るほうが相手に伝わることがあるものです。悪質な人には「沈黙」で抵抗しましょう。

144 癖を指摘して、意識させれば 相手はペースを乱してしまう

無意識だった行動を意識しすぎると自滅してしまう……

　無意識に行っていた癖を他人から指摘されると、意識しすぎるあまり、ちぐはぐな行動をとってしまうことがあります。心理実験で、被験者に対して、爪をかむなどの無意識の行動を意識的に行うように指示したところ、ちぐはぐな行動をとってしまったという報告があります。この心理実験を応用して、苦手な相手の癖を指摘して意識させれば、勝手にペースを乱して自滅してしまうかもしれません。

145 | パワハラ上司には、必要以上に怖がってみせる

怖がってみせたあとの"不意"の一言で形勢を逆転する

すぐ感情的になって大声で怒鳴ったりするパワハラ上司やクレーマーは、実は相手を選んで攻撃を仕掛けています。このタイプは弱そうな相手が慌てふためく様子を見て満足する悪癖があるため、あえて反論せずに、目一杯慌てふためき、必要以上に怖がってやりましょう。そして、とどめの一言で「警察を呼びます」「社長に直訴します」とビクビクしながら伝えれば、相手は気勢をそがれるため、形勢が逆転するでしょう。とことん怖がった後の不意の一言は、相手を驚かせ、動揺させるのです。

146 | 傲慢でプライドが高い人ほど頼られるのを待っている

自尊心を満たしてあげれば手玉にとれる

プライドが異常に高く、他人を見下しているような人には、誰も頼みごとをしたいと思わないでしょう。しかし、このタイプは、自分の有能さと比べて、周囲の評価が低いことに不満を感じているケースが多く、実は頼られるのを待っているものです。上司や先輩にこのタイプがいたら、「教えてください」「お力を借りたいのですが」とすがりつくのが有効です。相手の自尊心を満たして、優越感を与えることで、簡単に手玉にとれるでしょう。

147 | 自尊心を満たすような相談で 苦手な人にアプローチする

「嫌い」を逆手にとって仕事をやりやすくする

あなたの職場に苦手な人、怖くて話しかけづらい上司や先輩はいませんか？　相性が良くない相手でもビジネスの場では、一緒に仕事をしなければなりません。シャットアウトせずに、自分からアプローチして、良好な関係を築いていきましょう。苦手な上司や先輩に話しかけるときのポイントは、相手の自尊心を満たすような言葉を添えることです。「○○さん、以前あの案件をスムーズにまとめたと聞いたので、相談したいことがあるのですが」など、相談を持ちかけてみましょう。そんな言葉を投げかけられれば、相手も悪い気はしないはずです。

148 | 考えを改めない頑固な人へは、 こだわりを評価してあげる

こだわりを評価する姿勢を示し、関係を構築する

チームで仕事を進める場合、こだわりの強すぎる人が和を乱すことがあります。仕事を円滑に進めるためにも、その人のやり方を変えてもらう必要があります。そんなときは、その人のこだわりを否定せずに評価してあげましょう。頑固で強情なタイプほど、こだわりを評価してくれる理解者には、親切に接してくれるものです。まずは話を聞いてもらえる関係を構築して、それから少しずつやり方を変えてもらえるよう相談してみましょう。

149 相手から認められるには、まずは自分から相手を認めよう

人は肯定的に評価されると、肯定的に評価し返す傾向がある

　自分を認めてほしいと思う相手がいたら、まずは「あなたを認めている」ことを、わかりやすく伝えましょう。日常的に、ほめられたり、高く評価されたり、尊敬されたりすることは、誰しも気分が良いものです。そして人は、「肯定的な評価を与えてくれた相手を肯定する」という傾向があります。例えば、あなたが上司に認められたいと思っているのなら、まずは上司を認めるところから始めましょう。

150 "身近な仮想敵"を作れば団結力を高められる

モチベーションや能力アップも期待できる

「共通の敵」を作ることは、親密度を高めるときに効果的なテクニックですが、チームの結束力を強めたいときにも有効です。共通の敵を意識すると、チーム内で「勝ちたい」という欲求が共有でき、結束力が強まるのです。また、敵の存在を常に意識することで、仕事に対するモチベーションも高まります。このような効果をより強くしたいなら、具体的にイメージできる"身近な仮想敵"を作るのがおすすめです。

▶ 本当に苦手な人への対処法

151 | どうしても嫌いな相手とは、心が折れる前に距離を置く

心に負担がかかり続けるのを防ぎ、身を守るのが先決

　苦手な相手との関係を改善するのは大切なことでしょう。しかし、何度も挑発してきたり、嫌みなことを言ってくる人もいます。どうしても苦手な相手とは、関係を改善しようとせず距離を置いてみるのも方法です。無理に対処して心に負荷がかかり続ければ、それが逆上という形で破滅的な結果になってしまう恐れもあるからです。心が折れてしまう前に、そんな相手とは距離を置き、身を守りましょう。気持ちがせいせいして、落ち着けるものです。

▶ 怪しい人に騙されない対処法

152 | 怪しい話をする人の矛盾や疑問点を自問自答してみる

人の心理を利用した悪徳商法に騙されない！

　人は、自分が不幸に遭うということを進んで考えず、自分に都合の良いことを考えがちです。これを「認知バイアス※」と呼びます。怪しい儲け話をされて、つい聞いてしまうのも、こういった心理が働くからです。そんなときは、「そんな良い話をなぜ独り占めにしないのか？」「なぜ親しくもない自分にそんな話をしてくるのだろう？」と矛盾や疑問点を自問自答して、認知バイアスに支配されないよう気をつけましょう。

※認知バイアス：自分にとって都合の良い思い込みで、論理的な評価や思考が歪められる現象のこと。

3章
苦手な相手を攻略する心理術

127

苦手な相手を攻略する！
切り返しフレーズ

苦手な人の攻撃をかわして、切り返す

　厄介な人や面倒な人、わがままな人など、自分が苦手と感じる人たちに振り回されていると、ストレスが溜まり、心が折れてしまいます。そんな相手に真正面から全力で立ち向かう必要はありません。心理術で相手の攻撃を軽やかにかわしつつ、適切な物言いで切り返していけば良いのです。そうすれば自分を守ることができ、いずれ居心地の良い関係性を築くこともできるでしょう。ここでは、そんな苦手な相手への切り返しに使える会話・フレーズを紹介します。

シーン① 怒った上司への対応

■ 仕事のミスを詰め寄る上司の攻撃をはぐらかす

✗ NG
責任を持って対処します

→

○ OK
すみません。もう、私はダメですね……

POINT 相手が詰め寄ってきたら、脱力させる言葉をかけるのもひとつの方法です。もし、上司から理不尽に詰め寄られたら、「自分は実力不足です。もう辞めたほうがいいですかね？」などと、相手が拍子抜けするような対応をとると、気勢をそぐことができます。

■ パワハラ上司が逆上してきたら……

NG		OK
申し訳ありません！	→	 いつも感謝しています

POINT パワハラ上司が逆上してきたら、大きな声で日頃の感謝を伝えましょう。ほめ言葉は、人の「認められたい」という欲求を満たすので、怒っている相手の感情を和らげることができます。また、突然感謝の言葉を伝えられると、相手を罵るような悪口を言いづらくなってしまうものです。

■ パワハラ上司の怒りを収めさせる

NG		OK
もちろん聞いています！	→	 はい……（沈黙）

POINT 人は、相手がじっとうつむいたまま沈黙していると、何を考えているのかわからないため、不安になってしまいます。パワハラ上司に怒鳴られたら、じっとうつむき加減で沈黙し続けてみると、案外早く怒りが収まるでしょう。

■ くどいお説教を、開き直り質問で止めさせる

NG		OK
大変申し訳ありません	→	 それで何か？

POINT 説教や愚痴が止まらない人は、何度も同じ話を繰り返す傾向があります。話を終わらせるためには、結論を促すような開き直り質問をぶつけましょう。そうすることで、自分が何を言いたかったのかを気づかせることができます。

■ 理不尽なパワハラを止めさせる

✗ NG		○ OK
す、すみません……	→	私の気持ちも考えていただけませんか？

POINT 上司のパワハラには、理性的な態度で対処しましょう。常に冷静さを保って対応していると、相手が一目置くようになり、やがて攻撃されなくなるでしょう。冷静になるためには、深呼吸をし、肩の力を抜いて脱力することです。

シーン❷ 興奮している相手を鎮める

■ 興奮しやすい相手を黙らせる

✗ NG		○ OK
で、ですけど……	→	落ち着いてください

POINT ヒートアップしている相手には、冷静さを取り戻すための言葉を投げかけて、その熱を下げる必要があります。「まずは落ち着いてください」「まだ大丈夫です」などと大声ではっきりと伝え、安心させてあげましょう。

....

■ すぐ感情的になる相手の怒りを鎮める

✗ NG		○ OK
は、はい……。そうですね……（諦める）	→	きちんと最後まで話を聞いてくれますか？

POINT すぐに感情的になる人には、「まずは落ち着いてくれませんか？」などと、前置きをしてから話を始めると良いでしょう。最初はキレられるかもしれませんが、2〜3回繰り返すうちに、周囲に迷惑をかけていることに気づき、キレないよう努めてくれます。

■ 激昂したクレーマーを落ち着かせる

 NG

も、も、申し訳ございません！（動揺）

→

○ OK

怒鳴らないでください。私が責任を持って承ります

POINT 激昂している相手には適度な「反同調行動」（P.117参照）が有効です。冷静に淡々と対応することで、相手がこちらのペースに合わせるようになり、徐々に冷静になっていくでしょう。怯えたりイラ立ったりすると、相手を一層つけ上がらせてしまいます。

シーン 3 | 相手を怒らせずに反論する

■ 会議の場で、やんわりと反論する

 NG

B案のほうが良いですよ

→

 OK

私もA案が良いと思います。ただ、B案にも捨てがたい部分があるかと……

POINT 日本人は和を尊ぶ気質があるため、会議などで反対意見を述べるのを避けがちです。相手の意見に反論する場合は、まず賛成をしてから、「ただ……」と意見を留保して方向性を変えれば、話がもめずに進みます。

シーン 4 | クレーマー対応

■ 支払いを拒否するクレーマーをやっつける

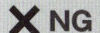 NG

お支払いいただかないと困ります

→

 OK

警察を呼びます

POINT 「美味しくなかったから、お金を払わない」など、屁理屈を言ってくるクレーマーを説得しようとすると、相手の術中にはまってしまいます。そんな相手にはまともに取り合わず、即座に結論を伝えて、実行に移しましょう。

クレーマーから損害賠償金を要求されたとき

✕ NG
その金額で
検討させていただきます

→

○ OK
専門家に鑑定していただき、
その金額でいかがでしょうか

POINT 具体的な額を挙げて弁償や賠償を要求されたとき、相手が提示した金額に引きずられてしまうのは良くありません。こちらから客観的に見て、根拠のある金額を示し、新しいフレームを設けてから交渉に持ち込みましょう。

 「誠意」という名目の金銭を要求されたとき

✕ NG
今日のところは
これで……

→

○ OK
誠意というのは
どういうものでしょうか？

POINT クレーマーから「誠意」という名目の金銭を要求されても、焦って応じるのは厳禁です。「誠意というのはどのようなものでしょうか？」と冷静に逆質問してみましょう。相手も具体的な金銭を要求するのは犯罪になりかねないとわかっているはずですから、こちらが主導権を握れます。

MEMO

逆質問を使った会話例

店員：「このたびは大変申し訳ございませんでした」
客　：「納得いかないな。あなたには誠意ってものがないのかね？」
店員：「お客様のおっしゃる誠意というのはどのようなものですか？」

クレーマーが言う「誠意」の意味を汲みとる必要はありません。逆質問をして、相手が怯んだら、「これ以上の対応はできかねますので、お引きとりくださいますか？」と続けて、とりつく島をなくしてしまいましょう。

第4章

相手に好印象を与える心理術

「至上の処世術は、妥協することなく、
適応することである」

——ゲオルク・ジンメル（哲学者）

好印象を与えるには、どうする？

Q 興味のない話題でも、
真剣に聞いているという
印象を与えるにはどうする？

A 相手の言葉をオウム返しする

B 黙って相手を見つめる

C 何かを考えているフリをする

ポジティブな第一印象を
抱かせる

　人は最初の数秒で相手の印象を決めると言われています。それだけに、第一印象は良好な人間関係を築くうえでとても重要です。初対面で良い印象が刻まれれば今後の関係も上手くいく確率がアップします。しかし、初対面で好印象を与えられなかったとしてもくよくよする必要はありません。あなたの好感度を上げるチャンスは日常に潜んでいます。

　第一印象は、見た目や表情、しぐさなどの視覚情報に大きく左右されますが、好感度を高めるためには、相手に「うれしい」「幸せ」といったポジティブな感情を抱かせることが大切です。親切な気づかいや、ちょっとした気づかいを示すことで、悪い第一印象も挽回できます。

　まずは相手の感情を考え、状況に合った心理テクニックを使って好感度を高めていきましょう。

答え

A　相手の言葉をオウム返しする

　相手の話に耳を傾けていることを伝えるのに有効なのが「オウム返し」です。「オウム返し」は「ペーシング」（P.186参照）という心理テクニックの一種で、相手の言ったとおりに言い返すと、相手は安心して自分が受け入れられていると感じ、好印象を抱きます。ただし、わざとらしいオウム返しをするだけでは、悪い印象を与えかねませんので注意しましょう。

153 | 人は「見た目→話し方→会話内容」の順番で影響される

言葉をとりつくろうより、服装や態度を重要視しよう

アメリカの心理学者アルバート・メラビアンは、話し手がどちらともとれるメッセージを送った場合、聞き手側は、❶見た目や態度などの視覚情報（55％）、❷声や口調などの聴覚情報（38％）、❸会話内容などの言語情報（7％）の順番で影響を受けると指摘しています（これを「メラビアンの法則」と言います）。つまり、言葉をいくらとりつくろっても、相手はあなたの見た目や態度に影響を受け、判断してしまうのです。初めての取引先との会議や打合せでは、身だしなみを整え、話し方にも気をつけましょう。

154 | 第一印象の9割は丁寧なお辞儀で決まる！

人は自分が感じた第一印象を正しいと思い込もうとする

人は自分の第一印象を正しいと思い込もうとする傾向があるため、最初に悪い印象を持たれてしまうと、後でそれを払拭するのが難しくなります。このように第一印象が強く印象に残る心理を「初頭効果※」と言います。そのため、初対面の人と会うときは、最初に丁寧なお辞儀をして、第一印象を良くすれば、その後の関係がスムーズに進展しやすくなるでしょう。

※初頭効果：初対面のときに抱いた第一印象が、相手の中に強く残ること。

155 無表情より笑顔のほうが、注目度は20倍もアップする

屈託のない笑顔は、屈託のない親しみを生む

　男女3人ずつのモデルに協力してもらい、笑顔と無表情の写真を撮影して、40人の被験者に見せたところ、笑顔の写真は、無表情の写真の20倍も人を引きつける力があったという実験結果があります。第一印象を良くしたければ、自然な笑顔を作れるようにしておきましょう。また、笑顔には、周りの人の笑顔を引き出す効果もあります。普段から笑顔を意識していれば、好感度が高まり、周囲に気の合う人たちが集まるようになるでしょう。

156 相手の内面をとらえる一言で、理解者だと印象づける

「バーナム効果」で相手を錯覚させる

　"ひと味違う"ほめ方ができると特別感を演出できますが、初対面で印象に残るほめ方をするのは難しいものです。そんなときは、「バーナム効果」（P.182参照）を使って、相手の内面をとらえる一言を投げかけてみましょう。例えば、相手に明るい印象を持ったら、「自由奔放そうですが、実は、堅実なタイプですよね」などと言ってみるのです。相手はあなたのことを「自分のことをよくわかってくれる人」と錯覚して、好印象を与えられるかもしれません。

157 恐怖のドキドキを 恋愛のドキドキと勘違いさせる

不安や恐怖の感情と、恋愛感情を混同させる

　恋愛感情を抱くと、胸がドキドキします。また、不安や恐怖、怒りを感じたときも同様に胸がドキドキします。これらは全く別の感情ですが、同じ"ドキドキ"であるため、混同してしまうことがあるのです。これを、吊り橋を渡るときのドキドキに例えて「吊り橋効果」（P.181参照）と言います。気になる異性を誘って、ホラー映画やお化け屋敷などでドキドキを共有してみてください。それがきっかけでお互いを意識する関係に発展するかもしれません。

異性とお化け屋敷などに行った際、恐怖によるドキドキと異性を意識してのドキドキを混同してしまうケースがある。

158 結果はあと回しでOK！
まず告白して、相手に意識させる

「返報性の原理」によって告白してきた人を意識し始める

気になる異性に告白するときは、「断られたらどうしよう……」という気持ちが足枷となるものです。しかし、嫌われるのならともかく、好意をもたれて嫌がる人はあまりいません。結果はどうあれ、「告白された」といううれしい事実が相手の心に残りますし、また、「返報性の原理」（P.61参照）からも、好きと言われた人のことが気になってくるものです。結果は気にせず、まずは勇気を出して告白してみることが恋愛成就への近道と言えるでしょう。

▶ 自分に好意を抱かせたい③

159 "ツンデレ作戦"で、
いつもと違う面を見せつける

印象の振り幅が大きいほど好意を抱く

いつものイメージとは異なるプラスのイメージを与えて好感度を上げることを心理学では「ゲイン・ロス効果※」と言います。「ツンデレ」がモテるのもこの心理効果によるもの。印象の振り幅が大きいほど、人はその相手に好意を感じてしまうのです。

※ゲイン・ロス効果：マイナスの印象を持たれた後にプラスの印象を与えることで、相手に好印象を抱かせる。

160 話を突然中断することで 名残惜しさを感じさせる

盛り上がった話を中断して、次回の約束をとりつける

　話が盛り上がっているときに、「そうだ、次の予定があるんだった。この話の続きはまた今度ね」などと中断されると、続きを聞きたいという気持ちが高まります。これを「ゼイガルニク効果」（P.180 参照）と言います。これはデートや合コンに有効ですし、ビジネスでも使える心理テクニックです。話が盛り上がったところで、理由をつけて急に帰ろうとすると、相手はすぐにでもまた会いたいと思うので、次回の約束も簡単にとりつけられます。

161 あごの角度が20度だと 快活な印象を持たれる

上げすぎは横柄に見えるのでNG

　ある実験では、あごの角度が20度のときにアクティブで良い印象を与え、30度では横柄な態度に見えてしまうという結果が出ています。好印象を与えたければ、あごの角度にも気を配り、20度の角度を身につけておきましょう。

■ 元気で快活な
　人に見える

■ 横柄な
　人に見える

162 | ギャップ効果で意外性を アピールして好意度アップ

相手が自分に対して抱いている正反対のイメージを見せつける

　相手に好意を抱いてほしいなら、「ギャップ効果」（P.177参照）を使ってみましょう。ギャップとは意外性のことで、相手が知らなかったあなたの意外な一面を見せて、好感度をアップさせるのです。まずは相手が自分に対して抱いているマイナスイメージをしっかり把握して、それとは正反対のプラスの一面を見せつけましょう。意外性があるほどイメージアップ効果が高まるはずです。

163 | 親密になりたければ、 自分の秘密を打ち明けよう

秘密を共有すれば、親密度が高まる

「実は私……」などと打ち明けて相手と秘密を共有すると、連帯感が生まれて親密度が高まります。お近づきになりたい相手には一歩踏み込んで、自分の秘密を教えてみても良いでしょう。ただ、初対面の相手に対しては得策なテクニックではありません。悪い印象を与えたり、相手に負担を感じさせたりする可能性があるからです。関係性を少しずつ構築しながら、タイミングを見計らって使いましょう。

164　バーカウンターは親密度を 高めるパワースポット

バーカウンターなら自然と密着できる

　異性と親密な関係になりたければ、45cmのパーソナルスペース（P.53参照）に入り込むのがベストです。しかし、いきなりその距離に入り込むのは難しく、下手をすると嫌われかねません。そこで活用したい場所がバーカウンター。カウンター席は隣同士の距離が近く、自然と密着度が高まります。また、席についているときはお互いカウンターのほうを向く形になるので、向き合う場合よりも、照れがなくなります。お酒の力も借りて、一気に距離を縮められるでしょう。

165　美味しい食事が、 お互いの印象をアップさせる

食事に誘って好印象を抱かせる「ランチョン・テクニック」

　人は美味しいものを食べていると否定的な考えにならず、記憶力も高まります。デートや商談など、相手との距離を縮めたければ、一緒に食事をするのがおすすめです。美味しい料理を食べているときは、一種の快感状態にあります。そうなると、警戒心が緩み、一緒にいる相手にも好感を抱くため、話が都合良くまとまりやすくなるのです。アメリカの心理学者グレゴリー・ラズランは、この心理法則を「ランチョン・テクニック」（P.188参照）と命名しました。

166 単純接触の回数を増やせば、相手に好意が生まれる

面会の質よりも量が重要になる

アメリカの心理学者ロバート・ザイアンスは、「人は、知らない人に対して攻撃的で、対応が冷淡」「人は、相手に会う回数が増えるほど好意を持つ」「人は、相手の人間的な側面を知ると、より好意を抱く」という「ザイアンスの法則」（P.179参照）を提唱しています。つまり、好感度を高めるには、接触の質よりも回数が重要になるということ。気になる人との距離を縮めたければ、会う回数を増やしたほうが効果的なのです（P.181【単純接触効果】参照）。

167 男性をほめるポイントは、"強さや成果"

男性は強さ、成果、能力を重要視する

男性の脳は狩猟本能の働きが強いため、評価基準として獲物を捕まえる"能力"が重視されます。そのため、男性をほめるときは能力をほめてあげると喜びます。例えば、男性社員に対して「プロジェクトの成功、すごいですね！」と仕事の成果を評価すれば、その人は自尊心をくすぐられるでしょう。

あのプロジェクト成功させたのすごいです！

え へ。

168 女性をほめるポイントは、"コツコツ頑張る姿"

結果よりプロセスを重要視する

女性をほめるときに効果的なのは、「プロセスを評価する」ことです。古来、女性は家庭を守り育むことが大きな役割でした。コツコツと頑張っている姿をほめられることが評価としてうれしいのです。例えば、女性社員をほめるときは、「丁寧に仕事をしてくれてありがとう！」などと、行動や気持ちに理解を示しながらほめるのがポイントです。

169 部下を励ますフレーズは、「頑張りすぎるな」がベスト

命令形ではなく、禁止形のフレーズを使う

部下や後輩を「頑張れ」と励ますと、「こんなに頑張ってるのに、わかってくれない……」と反感を買ってしまう場合があります。忙しく働いている部下や後輩を励ますときは「頑張りすぎるなよ」と、禁止形を使うのが効果的です。心配しているという気づかいを感じさせるだけでなく、禁止形なので、それに逆らってもっと頑張りたくなるという心理が働くこともあるからです。

170 | 身体的な魅力が似た者同士は惹かれ合う

自分と魅力が釣り合う相手に親近感を覚える

　人はパートナーを選ぶとき、自分と身体的な魅力が似ている人を選ぶ傾向があり、この心理法則を「マッチング仮説」（P.187参照）と言います。人は、自分よりも魅力的な異性を求めると断られてしまう可能性が高いからと諦めてしまい、逆に、自分より魅力的ではない相手は不釣り合いだと感じて拒否してしまいがちです。こうした理由から、似た者同士が惹かれ合うことになるのです。

171 | 似ていない者同士は相違点を補い合う

お互いを補い合うことで、より安定した関係を築いていく

　付き合いが深まっていくと、相手と自分との相違点が明らかになってきます。例えば、Aさんは活発で攻撃的な性格だが、Bさんは内気でおとなしい性格、というような違いが明らかになるにつれ、お互いが相手にない部分を補い合う関係になっていきます。これは「相補性の原理※」と呼ばれ、安定的な人間関係のひとつとされています。

※相補性の原理：自分と相手の相違点が明らかになると、お互いが相手にない面を補い合う関係になっていくこと。

172 「プライミング効果」で 前向きなイメージを刷り込む

最初にポジティブな先入観を植えつける

上司に頼まれた書類を完成させて提出するとき、「何とか間に合いました……」などと控えめな言葉を添えると、自信なさげな印象を与えてしまいます。「読みやすくまとめておきました！」など、さりげなく完成度の高さをアピールして、相手に前向きなイメージを刷り込みましょう。すると、相手がその書類を見たときに「見やすくまとまっている」と感じるものです。こういった暗示効果を「プライミング効果[※]」と言います。

※プライミング効果：最初に与えられた記憶が、あとあとのことに影響を及ぼすこと。

173 早口で話すと熱意が伝わり、 信頼されやすい

早口が情熱を感じさせ、信頼感を生む

話すスピードは、ゆっくりよりも早口のほうが信頼されやすいと言われています。1分間に180ワードで話すよりも、220ワードで話したほうが相手に信頼されやすいという研究データも発表されています。早口で話すと、一生懸命伝えようとしているという「熱意」が感じられるのもその一因と考えられます。もちろん、ただ早口で話すだけではダメ。情熱を持って語る姿勢があってこそ信頼されるのです。

174 相手の時間感覚に合わせた スピードで聞きやすく話す

人は年をとるほど時間の経過を遅く感じる

　話すスピードは相手の年齢によっても変える必要があります。千葉大学の一川誠教授が行った実験によると、4〜84歳の約3500人を対象に自分が「3分」と感じた時点でボタンを押してもらったところ、年齢が高くなるほど、3分をすぎてしまう傾向が見られました。自分が感じる時間と実際の時間には違いがあります。これを心理学では「時間感覚」と言いますが、この時間感覚は年齢を重ねるにつれて遅くなっていきます。そのため高齢者には、その人の時間感覚に合わせてゆっくり話したほうが、聞きやすく、好印象を与えられるでしょう。

175 威厳を示すために 黒のスーツを身にまとおう

風格や重厚感を表現して存在感をアピール

　商談やプレゼンで仕事を勝ちとりたいなら「黒」がベストカラーです。黒は威厳や荘厳さを演出する色なので、重みのある存在感をアピールできます。黒のスーツを着こなしている人は、相手に信頼感を与え、「ぜひこの人に頼みたい」という気持ちにさせるのです。また、黒のスーツはさまざまな場面で使えるので、1着所持しておくことをおすすめします。

4章 相手に好印象を与える心理術

176 背筋を伸ばし、大股で歩けば好感度がアップする！

大股で速く歩くと、目標達成志向の強い人と思われる

　人は体調が優れなかったり、気分が良くないときはうつむいて肩を落とし、背中を丸めてしまいます。このような姿勢で歩いていると、周囲にも元気がないことが伝わり、誰も寄りつかなくなってしまうでしょう。アメリカの心理学者ニーレンバーグは、背筋を伸ばして、力強く腕を振り、大股でテンポ良く歩いている人は、周りの人に「目標達成志向が強い人」という印象を与えると主張しています。好印象を与え、周囲から信頼されるために、日頃から背筋を伸ばして、目線を上げるよう心がけましょう。

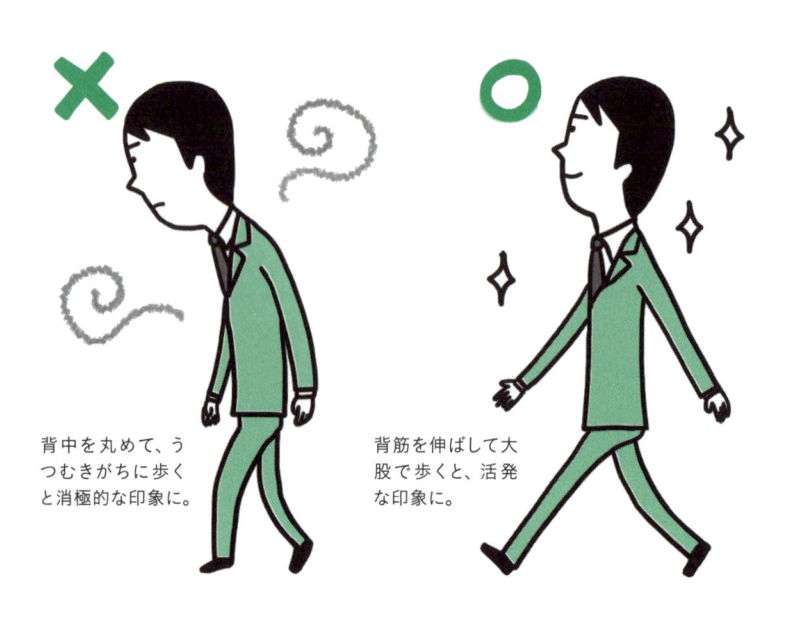

背中を丸めて、う
つむきがちに歩く
と消極的な印象に。

背筋を伸ばして大
股で歩くと、活発
な印象に。

177 | あいさつは先手必勝で 好感度アップ！

あいさつをして存在感を示す

　あいさつは、自分の存在を相手に伝える、優れたコミュニケーションツールです。「おはようございます」「失礼いたします」など、あいさつの定型フレーズを積極的に使って、存在感を高めていきましょう。特にあいさつは先手必勝が重要。自分から進んで声をかけることで、会話の主導権を握ることができます。ボソボソとあいさつするのではなく、元気にハキハキと話すようにしましょう。

178 | 会話では話すことより、 「聞く」ことを重要視する

相づちを工夫して、相手に「聞いている」ことをアピール

　人は、自分が興味を持っていることについて話すと快感を覚えます。しかし、自分の好きなことばかり話していると相手は不快になり、会話が盛り上がらなくなってしまいます。会話は、「話す力」よりも「聞く力」が重要です。そして、「聞く力」は言葉だけでなく、非言語的な部分（ノンバーバル）も影響します。相づちを打ったり、前傾姿勢になるなどして、「しっかり聞いている」ことが相手に伝わるようアピールしましょう。

179 眼鏡を使い分けて印象を操作する

眼鏡のデザインによって印象がガラリと変わる

　眼鏡をかけると簡単に印象を変えることができます。フレームのない眼鏡は知的な印象を与えると同時に、個性的な雰囲気を醸し出します。そして、黒縁眼鏡は目を大きく見せるため、相手の印象に残りやすいです。反対にフレームの細い眼鏡は、柔らかい印象を与えます。このように、眼鏡を使い分ければ、相手に与える印象を操作できます。

ADVICE　　　　眼鏡のデザインによる印象の違い

　　フレームの細い眼鏡：柔らかい印象を与える

　　黒縁眼鏡：知的な印象を与える

　　四角い眼鏡：信頼感が増す

　　丸い眼鏡：親しみやすい印象を与える

180 自作自演で救世主となり、好感度をアップさせる

まず否定してから、救いの手を差し伸べる

「相手の不安を煽る」のは、詐欺商法などでよく使われる心理テクニックです。例えば、「このままでは病気になりますよ」と言われれば、誰でも不安になるものです。この不安に乗じて、「でも、この薬効のある水を飲めば、健康になれますよ」とフォローされると、価値のない水でも買ってしまうのです。人は強い不安を感じているときに、安心させてくれる人を信用してしまう傾向があります。相手の不安を煽ったあとに、救いの手を差し伸べるような良いことを伝えれば、相手に安心感を与え、あなたの好感度もアップするのです。

181 お互いの共通点が見つかると親密度が一気に深まる

どんどん質問して共通点を多く見つけよう

相手に自分と似ている部分を見い出すと価値観が同じように思え、親しみを感じることを「共通項・類似性の法則」と言います。仕事やプライベートで、苦手な人との距離を縮めたいなら、誕生月や血液型、出身地、趣味などを質問して、お互いの共通点を見つけ出しましょう。

会話例
自分：「休みの日は何してるのですか？」
相手：「洋服を買ったり、スイーツのお店に行ったりしてますよ」
自分：「僕も甘いものに目がないです。会社の近くに美味しいケーキ屋があるので、今度一緒に行きましょう」

4章 相手に好印象を与える心理術

相手の基本性格がわかる！

脳の性別診断

指の長さでわかる「男性脳」と「女性脳」

　胎児のときに男性ホルモンの「テストステロン」を大量に浴びた場合、人差し指が短くなり、薬指が長くなると言われています。男性で、人差し指より薬指が長い人が多いのはこのためです。そして、この指の長さの違いは、「男性脳タイプ」と「女性脳タイプ」という脳タイプの区別にも使われます。性別に関係なく、「男性脳タイプ」は支配欲が強く、攻撃的で空間認識に強いとされ、「女性脳タイプ」は母性的で感受性が強く、言語能力に長けているとされています。

■ 男性脳タイプ

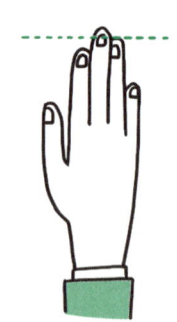

- 支配欲が強い
- 攻撃的
- 空間認識に強い

人差し指が薬指より **短い**

■ 女性脳タイプ

- 感受性が強い
- 言語能力に長けている
- 争いごとを好まない

人差し指が薬指より **長い**

第5章

感情をコントロールする

心理術

「世の中には福も災いもない。
ただ考え方でどうにでもなるものだ」

──シェイクスピア（劇作家）

どうやって怒りを抑える？

Q 相手に挑発されて
怒りが込み上げてきたとき、
どうすれば良い？

A 深呼吸して、肩の力を抜く

B 頭の中で相手の悪口を言い、精神的優位に立つ

C 拳をギュッと握り、気持ちを落ち着かせる

▶ 冷静さを保つコツを身につけると 感情に振り回されなくなる

誰しも落ち込んだり、モチベーションが上がらないという経験があるでしょう。そんなときには自分自身で気持ちを奮い立たせるのは難しいものです。

自分の感情をコントロールするには、まずは冷静になることが重要。冷静になるためには深呼吸が一番おすすめの方法です。仕事で失敗したり、上司から怒られたりしたとき、感情に振り回される前に、まず深呼吸をして心を落ち着かせましょう。喜んだり、怒ったり、悲しんだりと変化する感情を上手にコントロールできるようになれば、常に冷静さを保て、仕事やプライベートでベストパフォーマンスを発揮できるようになるでしょう。

本章では、感情に振り回されることなく、常に冷静さを保ち、モチベーションを維持するための心理術を紹介します。

答え

A 深呼吸して、肩の力を抜く

怒りが込み上げてくると、人は本能的に身を守ろうとして、交感神経が活発になります。すると、心拍数が上がり、全身の筋肉が硬直し、緊張感がどんどん高まります。このような本能行動を落ち着かせるには、深呼吸が効果的。深呼吸でリラックスした状態を意図的に作ることで、交感神経の働きを低下させ、副交感神経が優位に働くようにコントロールします。そして、握りしめた拳の力を抜き、全身を脱力状態にすると怒りが鎮まっていくでしょう。

182 | 目標を宣言すると モチベーションがアップする

言葉にすることで行動に変化をもたらす

夢や目標を周囲の人に宣言する
ことは、自分を奮い立たせる効果が
あります。具体的な言葉にすると、
自分の心に強く刻み込まれるから
です。意識が変化することで行動も
変化し、目標達成のためのモチベー
ションが保てるのです。

▶ 自信をとり戻したい

183 | 自己評価が低くなったら、 休息をとって気分を一新！

休息を「節目」にして、新たな一歩を踏み出そう

自分を肯定的に評価できないときが落ち込んだ状態です。自信を
失っているときに、誰かから「頑張れ」と励まされても、今まで自分が
頑張ってきた結果として落ち込んでいるため、「今更どう頑張ればい
いの!?」と憤りを覚えることもあるでしょう。そんなときはこれまでの
頑張りへのご褒美として「休息」をとりましょう。休息がこれまでの頑
張りの「節目」になるので、気分が切り替わり、新たな一歩を踏み出
す活力が湧いてきます。

184 高級品を身につけると ちょっとだけ自信が出てくる

自分の身の回りの物を「自分」と捉える

　洋服やアクセサリーなど、人は身につけているものすべてを含めて「自分の一部」と捉える傾向があり、これを「拡張自我※」と言います。例えば、カジュアルな服装で、豪華なパーティーに参加するとおどおどしてしまいませんか？　それは、他人からどう見られているかよりも、自分で自分のことを「劣っている」と感じてしまうせいです。気分を上げたいときは、洋服や腕時計、バッグなど、高価な物を身につけると、「拡張自我」が大きくなって自己評価も高まり、自信につながります。

※拡張自我：内面にある「自我」だけでなく、服やアクセサリーなど、外側のものも自分と　　　　　　捉えること。

185 気持ちがスッキリしないなら、 思いあたる原因を全部書き出す

紙に書き出すことで原因がはっきりする

　特に理由もなく気分が晴れないこともあるでしょう。モヤモヤした気分をそのままにしておくと、どんどん落ち込んでしまいます。気分が晴れないときは、その原因になりそうな事柄をすべて紙に書き出してみましょう。自分の中に溜まったストレス要素を俯瞰でとらえられるため、解消するヒントが見えてきます。もし原因がわからなかったとしても、紙に書き出すことで問題を客観的に認識でき、気持ちが整理できるでしょう。

5章 感情をコントロールする心理術

186 | 「自分はハエ」とイメージする 自己暗示で怒りは鎮まる

嫌な体験を客観的に捉えるテクニック

　心理学では、怒りの感情をコントロールするさまざまな方法（アンガーマネジメント）があります。ある実験では、嫌なことがあったとき「自分がハエになって壁にはりついている」様子を想像すると、怒りを抱く確率が低くなるという結果が出ています。これは、「自分はハエだ」とイメージすることで、嫌な体験を客観視できるため、ネガティブな思考になりづらくなるというものです。もし、怒りを感じそうになったら、冷静に「自分はハエだ」と言い聞かせてみましょう。

俺は ハエ…
俺は ハエ…

ADVICE　　　アンガーマネジメントとは？

イライラに振り回されることを避けるための、怒りコントロール法のこと。アンガーは"怒り"（anger）という意味で、マネジメントは"管理"（management）といった意味。

187 | 重要な局面に臨むときは、赤色を身につけて奮起する

赤は血や炎をあらわし、情熱を感じさせる色

　アメリカの政治家や起業家たちは、ここぞというときに赤色のネクタイをしていることが多くあります。赤色は血や炎をイメージさせるため、情熱や力強さを演出できるカラー。赤いアイテムを身につけることによって、自分を奮起させようとしているわけです。また、愛情表現に赤いバラが使われるのも、情熱を感じさせるから。仕事やプライベートで重要な場面に臨むときは、赤色のものを身につければ、モチベーションが高まります。

188 | 冷温シャワーで、リラックスする感覚を記憶する

シャワーを使った自律訓練法

　私たちは、自律神経の作用によって緊張とリラックスを繰り返しています。意識的に心身をリラックスさせる方法として、シャワーを使った自律訓練法があります。入浴した際に冷水のシャワーと温水のシャワーを交互に浴び、冷水で緊張状態を、温水でリラックスした感覚を体に刷り込ませます。緊張とリラックスの状態を身につけ、コントロールできるようになれば、会議やプレゼン、商談でも、自然体で臨めるようになるでしょう。

5章
感情をコントロールする心理術

189 「あのときに比べれば…」という マイナス思考からプラスに転じる

困難のレベルを下げることで前向きになれる

「メンタルトレーニング」とは簡単に言うと、自分自身に理想や希望を言い聞かせ、信じ込ませる自己暗示の心理テクニックです。しかし、誰でも容易に自己暗示をかけられるわけではありません。そこで有効なのが、過去に経験した困難な状況と比較して、今置かれている状況を悪くないものとする方法です。どんなピンチに直面しても「あのときに比べれば……」と思えば、前向きな気持ちになってチャレンジ精神が芽生えます。

190 自然音を聞いて右脳を使い、 心を落ち着かせよう

風の音、波の音など、右脳が取り入れる自然音を聞こう

世の中にはさまざまな音があります。言語や規則性のある機械音は「左脳」が取り入れ、鳥のさえずりや風の音、波の音などの自然音は「右脳」が取り入れています。どちらの音も、耳にする環境や頻度によっては「騒音」になり得ますが、日常的に聞いている左脳を使った音よりも、右脳が取り入れる自然音のほうがストレスになりづらく、心をリラックスさせる効果があると言われています。

191 | 「何とかなるだろう」の口癖で、心の好調が維持できる

悩みが深みにはまるのを防ぎ、ストレスが軽減できる

深刻な問題に直面したり、つらい出来事が続くと、悩みが悩みを呼んで、どんどん深みにはまってしまうことがあります。そんなときは、根拠がなくても「何とかなるだろう」「大丈夫、大丈夫」と自分に言い聞かせると、少し気持ちが楽になります。「つらいな」「大変だな」と思ったときには、そうした思考をいったんストップ！「何とかなる」と言い聞かせ、悩みが深みにはまることを防ぎ、ストレスを軽減させましょう。

192 | 「〜しなくては」と声に出して自分を奮い立たせる

「公表効果」で自分をその気にさせる

「疲れた」「つまらない」など、ネガティブな言葉を口にしていると、それが自分の中に刻み込まれて、悪循環に陥ることがあります。そこで、嫌いなものでも「好き」と言い続けてみましょう。そうすると本当に好きになってしまうものだからです。心理学ではこれを「公表効果※」と言います。もし、やりたくない仕事があっても、「やらなくては！」と口に出していると、自然とやる気が湧いてくるのです。

※公表効果：ネガティブな言葉を口にすることでネガティブな気持ちになってしまい、逆にポジティブな言葉を口にすることでポジティブな気持ちになる効果。

193 問題解決後のイメージから逆算して対応策を考える

大丈夫と言い聞かせ、過去の成功体験の記憶を引き出す

トラブルに直面したとき、「解決できない……」と思い込んでしまうと、問題解決から遠ざかってしまいます。問題に直面したら、まず「大丈夫！」「きっとできる！」などと言い聞かせ、自己暗示をかけましょう。そして、問題解決後の成功イメージから逆算して対応策を考えると、何をすべきかが見えてきます。自己暗示をかけて冷静になることで、過去の成功体験の記憶を引き出す効果も期待できます。

194 「成長している！」と言葉にして成功シーンをイメージする

自分の能力をより活かす方法を確認する

スランプに陥ったときはイメージトレーニングが有効です。まず、仕事を順調に進めている姿を想像して、「仕事は順調で、毎日成長し続けている！」と言葉にしてみましょう。そして、今の自分に何ができるのか、どうすれば自分の能力が活かされるのかを確認します。最後に、成功するイメージを思い描けば、自信がみなぎってくるはずです。

195 | 自分も他人もほめまくって セルフイメージを高めよう

ネガティブ発言は厳禁！ ささいなことでも自分に優しく

　毎日ネガティブな発言を繰り返していると、ネガティブなセルフイメージができあがってしまいます。そうすると、周囲からほめられても「自分なんて……」と素直に受け入れられなくなり、悪循環に陥ってしまいます。ささいなことでも自分に優しくして、自分で自分をほめていればセルフイメージが高まっていくため、どんどん能力が開花していくでしょう。また、人の脳は、主語を認識せずに処理する特徴があるため、自分をほめるのが苦手なら、他人をほめるのも有効です。

▶ ポジティブ志向になりたい

196 | 口角を上げた作り笑顔で、 沈んだ気持ちが明るくなる

笑顔につられて脳が前向きな状態になる

　人は、笑うと副交感神経が活発に働いてリラックス状態になります。お笑い番組を見るなどして、おなかの底から笑えば、ストレスを発散できますが、「作り笑顔」でも同様の効果があるとされています。アメリカの心理学者ポール・エクマンの研究により、「笑顔の状態は、気持ちをポジティブにする」といった効果が明らかにされました。口角を上げるだけの作り笑顔でも、気持ちが前向きになるものなのです。

197 挑発されたときこそ冷静に！相手を観察しながら話を聞く

目の前の相手を冷静に分析すると、心が落ち着いていく

　相手から毒のある言葉を投げかけられたら、目の前の相手を客観的に観察し、分析してみましょう。例えば、「この人は滑舌が悪くて、言葉が聞きとりにくい」「ボキャブラリーが乏しい」など、批判的な視点で観察していると、気持ちがだんだん落ち着いていきます。また、目の前の人物を「奇妙な物体」として捉えるのも有効です。目や鼻などのパーツや、着ている服などをまじまじと観察することに意識を集中させると、不思議と心が落ち着いてくるでしょう。

怒っている人の様子を客観的に捉えることで、意識がそちらに集中し、興奮や緊張が和らぎます。

198 | 深呼吸と脱力で脳をリラックスさせる

「平常時」という信号を脳に伝える

　人を含めた動物は、敵と遭遇すると交感神経が刺激され、素早く行動できるように全身の筋肉が硬直し、心拍数が上がり、発汗作用が高まります。このような心理状態になると、冷静な思考を保てなくなるため、体で脳をコントロールする必要があるのです。まずはゆっくりと深呼吸をして脳をリラックスさせ、体の緊張を徐々にほぐしていきましょう。そうすることで、「平常時」という信号が脳に伝わり、次第に緊張が解け、あらゆる状況でも落ち着いて対応できるでしょう。

199 | リズム系の運動でセロトニンを活性化する

ジョギングやウォーキングでセロトニンを増やして幸せ気分に

　心と体は密接な関係があります。心を鍛えるのに有効とされている脳内物質「セロトニン」は、脳内の神経伝達物質のひとつで、心のバランスを整える作用があります。セロトニンが十分に分泌されていると落ち着きや満足感を得られますが、不足すると精神が不安定になります。このセロトニンを増やすには軽いジョギングやウォーキング、階段の昇り降りなど、一定のリズムを刻みながら体を動かす「リズム系の運動」が効果的です。

200 大きな夢のために 小さな目標を作る

小さな達成感を積み重ねていくと大きな目標にたどり着く

　目標が高すぎると、途中で諦めてしまうことも多く、逆に低すぎるとモチベーションが下がります。すぐには達成できないような大きな目標は、長期プランで考えておきましょう。まずは、「手が届きそうで届かない」くらいの目標からスタートし、小さな達成感を積み重ねていくと、やる気が持続しやすくなります。諦めずに一歩ずつ階段を昇り続ければ、いずれ大きな目標にたどり着けるでしょう。

201 自分へのご褒美を用意して モチベーションを維持しよう

誘惑を味方につけて目標達成を目指す！

　誘惑に負けず、目標に向かっていくには、強い意志が必要と思いがちですが、誘惑も上手く使えば味方になります。目標を達成したいと考えているなら、ご褒美を設定するのが効果的です。例えば「この仕事が終わったら温泉旅行をする！」など、自分がワクワクするものをご褒美に設定して、楽しい妄想を膨らませていきましょう。目の前にご褒美をぶらさげた状態にしておくと、目標に向かって真っ直ぐに走り続けられるでしょう。

202 不特定多数ではなく、「一対一」の関係で話す

視線が良く合う人に向かって話をする

　大勢に向かって話そうとすると、一斉に向けられる視線の重さで、軽いパニック状態になってしまうことがあります。不特定多数の人の前でスピーチをするときは、まず前席に座っている人の中で視線がよく合う人を探してみましょう。そして、その人だけに向かって話をするうちに、不思議と緊張が解けていくはずです。これは「一対一」、「自分対相手」の関係で話ができるからです。そして、緊張がほぐれてきたら、一人からその周りの人へ、と語りかける範囲を広げていきましょう。

▶ 失敗後に立ち直りたい

203 失敗直後にその理由を分析し、すぐに忘れるのが正しい反省

「ハウリング効果」を生じさせない反省のコツ

　過去の失敗体験を思い出す状況に直面し、「また失敗するかも…」と恐れる心理を「ハウリング効果」と言います。ハウリングとは、マイクがスピーカーの音を拾い、「キーン」と響く現象のことです。失敗後にくよくよ悩むだけでは、失敗を強く印象づけてしまい、「ハウリング効果」を生む原因になるわけです。失敗した理由をその時点で論理的に分析し、教訓を得たなら失敗自体を忘れることが重要。そうすれば、同じような場面に遭遇しても過去の教訓が生き、不安は生じません。

▶ 困った人への苦手意識を解消したい

204 相手のイメージを矮小化して、平常心を維持する

「とるに足らない人」と考えてやり過ごす

　上司や先輩、クラスメートなど、身の回りのわがままな人の対応に苦しんでいませんか？　苦しむということは、あなたの心の中で相手のイメージが極端に肥大化している証拠です。わがままな人は、無自覚に他人を攻撃することで、精神の安定を保っているのです。そして、誰からも承認されず、否定され続けたから、そのような性格になってしまったと考えて、相手のイメージを矮小化させましょう。「とるに足らない人」にしてしまえば、人間関係の悩みやストレスが軽減されます。

205 | 批判的な言葉は素早く ポジティブに変換する

頭の中で言葉の意味を変えてしまう

　他人の言葉に敏感すぎると、心が折れやすくなります。相手からかけられた言葉を狭い意味でしか受けとれないと、その言葉が何度も頭の中で繰り返され、どんどん重みを増していきます。そして、トラウマになってしまうのです。相手の言葉はそのまま受けとらず、「バカ」と言われたら「そういうことを言う人のほうがバカだ！」などと、素早く頭の中でポジティブに変換する習慣をつけて、心の重さを解消していきましょう。

206 | ストレスは溜まる前に こまめに解消する

真面目な人ほどイライラしたら即発散しよう

　真面目な人はイライラが募りやすい傾向があります。これは、期待されると必要以上に頑張ったり、すべてのことに全力で立ち向かおうとしてしまうからです。そんな真面目な人ほど、イライラを早めに解消する方法を知っておくべきです。カラオケで大声で歌う、映画を見て思いっきり泣くなど、何でも良いので、自分に合うものを見つけておきましょう。ストレスは溜まる前に解消するのがポイントです。

自分のために「ノー」と言う

断るフレーズ

相手に配慮しながら、気持ちを素直に伝える

　自分の意思や感情にこだわりすぎると、相手の気持ちに配慮できなくなり、逆に、相手の気持ちに傾きすぎると、自分の気持ちを顧みなくなります。相手にも自分にも傾きすぎず、心をニュートラルに保っていくためには、言葉の使い方が重要になります。自分の気持ちに素直になって、相手の気持ちに配慮しながら「ノー」を伝えることが大切です。ここでは、相手を気づかい、はっきりと断るためのフレーズを紹介します。

シーン ❶ 「ノー」という意思表示をしたい

■ 簡潔に「ノー」と言いたい

上司：「時間ある？　資料まとめてくれないか？」

 **✕ NG**

やりたくないですね

→

 **〇 OK**

ちょっと厳しいです

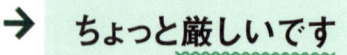

POINT 短い言葉で、承諾できない気持ちや状況をあらわしたいときは「厳しいです」「難しいです」などのフレーズが有効です。相手の気持ちに配慮しつつ、賛同できないことを伝えることができます。

 **へりくだりながら「ノー」と言いたい**

取引先：「お願いしたい急ぎの案件があるのですが」

✕ NG

困りますね……

→

○ OK

せっかくなの
ですが……

POINT へりくだって、相手の意向に添えない旨を回答するときは「せっかくなのですが」「ちょっと手いっぱいで」などと伝えると良いでしょう。今はできないことが謙虚に伝わるので、相手も食い下がりにくくなります。

 **中立的な立場をアピールして「ノー」を伝える**

営業マン：「どうか、ご契約いただきたいのですが」

✕ NG

検討の余地も
ないですね

→

○ OK

時期が時期
ですから……

POINT 自分の意思としては中立だが、要求を受け入れられない状況があるということを伝えます。時期や状況さえ許せば、期待に応えたいという気持ちを示しながら断れるので、関係性に悪影響を与えにくくなります。

 **相手の立場に配慮しつつ「ノー」を伝えたい**

上司：「例のプロジェクトを彼から引き継いでくれないか？」

✕ NG

無理ですね

→

○ OK

誠に不本意
ですが……

POINT 相手の立場に配慮し、やんわりとノーを伝えるためのフレーズです。「不本意」は、自分の本意ではない、希望するところではないということで、自分の意思ではどうにもできない状況にあることが伝わり、遠回しに断れます。

誘いを断りたい

■ 事情があることをそれとなく伝えたい

上司：「次の土曜、一緒にゴルフでもどうだ？」

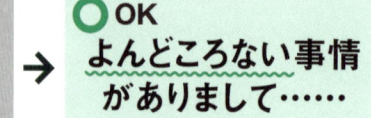

✕ NG	→	⭕ OK
どうしても無理です		よんどころない事情がありまして……

POINT 「よんどころない」は、「そうする以外にはどうしようもない」という意味です。式やパーティーなどの出席を辞退するときなどに、理解を求める慣用的な表現です。

■ ほかに用事があることをアピールしたい

取引先：「明日の11:00から打ち合わせしませんか？」

✕ NG	→	⭕ OK
大事な用があって……		あいにく先約があり……

POINT スケジュールが埋まっているとして断るときの慣用的な表現です。「先約がある」のは、その人のせいではないため、相手も「それなら、しょうがない」と諦めてくれやすくなります。「大事な用」と言うと、相手との比較になってしまうので注意してください。

MEMO 「あいにく先約がありまして」を使った文例

相手：「今度の金曜日、久しぶりに飲みに行こうよ」
自分：「あいにく先約がありまして……」
相手：「そうなの？　残念だなぁ」
自分：「ぜひまた誘ってください」

「先約がある」と言われると、相手は「どうにかしろ」とは言いにくくなるので、食い下がられる可能性が低くなります。誘いを断ったときは、「また誘ってください」「今度は私からお声がけします」など、相手を気づかう言葉を添えておくと印象が良くなります。

日常に潜む
「心理法則」事典

日常生活の中でも見られる心理法則を
厳選して紹介しています。
心理術の理解を深めるのにも、役立つでしょう。

【アイ・アクセシング・キュー】

参照ページ ▶P.24

視線の方向で考えていることがわかる

「アイ・アクセシング・キュー」は、視線から相手の気持ちがわかるという考え方です。これは、視覚、聴覚などの五感で物事を感じ取り、処理をする過程で、視線がある一定の変化をするという理論で、心理セラピストのリチャード・バンドラーと言語学者のジョン・グリンダーが提唱した「神経言語プログラミング（NLP）」という学説によるものです。相手の嘘を見破る際にも、有効な心理テクニックです。

アロンソンの不貞の法則

参照ページ ▶P.82

馴染み深い相手より、関係が浅い人のほめ言葉のほうが印象に残る

仲の良い同期と最近入社した新人。その二人から同じ内容のほめ言葉を投げかけられた場合、よりうれしいと感じるのはどちらですか？　きっと、新人からのほめ言葉のほうがうれしいと感じるでしょう。人は、親しい知人にほめられるよりも、馴染みのない人からのほめ言葉のほうが印象深く感じられるのです。これを「アロンソンの不貞の法則」と言います。

(例) 新人：「○○さんですよね。お酒にお詳しいと聞いているので、今度ぜひご一緒できたらなと思っています」

○○さん：「いやぁ、そんなことはないけどね。じゃあ今度行くか！」

【アンカーリング効果】

参照ページ ▶ P.107

特定の数値が重しとなり、判断に影響を及ぼす

　提示された特定の数値や情報が、船の錨（いかり）のように重しとなって、判断に影響を及ぼすことを「アンカーリング効果」と言います。例えば、今年の売り上げ見通しを報告するとき、最初に「今年は前年比90％が精一杯です」と言うと、「90％」が基準点（アンカー）となり、「もう少しできる」「できない」という流れで話が進みやすくなります。値段交渉の際にも、10万円を提示されたときに「30万円はいただかないと厳しいです……」と伝えると30万円が基準点になります。

（例）「3日以内に納品するのは難しいです。今からだと1週間は必要です」

【イエスバット法】

参照ページ ▶ P.113

相手を安心させてから自分の主張をする

　相手に反論したり、聞き入れてもらいにくいお願いごとをするときに有効な心理テクニックです。相手に「自分の考えが受け入れられた」と安心させてから、自分の主張をすることで、印象が良くなります。例えば、「確かにクオリティが担保できるので、私もその意見には賛成します。しかし、コスト面で少々厳しいかなと思いますので、この方法ではどうでしょう？」と言われれば、「難しいですね……」と単刀直入に反論されるよりも、印象は良いでしょう。この「イエスバット法」は、セールスマニュアルなどにも取り入れられています。

（例）「○○さんに舵とりしてもらえれば、確かに安心ですね。しかし、○○さんの負担が増えてしまうので、代わりに××さんに任せてみませんか？」

【一貫性の原理】

参照ページ ▶ P.72, 73, 75

一貫した行動をとらなければ、気がすまない心理が働く

　人は、一度起こした行動を通したい、という心理が働きます。これを「一貫性の原理」と言います。例えば「これ手伝って」とお願いされて引き受けたあとに「これも一緒にやってくれない？」とお願いされると、この一貫性の原理が働いて、少々面倒なことでも引き受けてしまうのです。一貫した態度をとらないと、がっかりされたり、信用を失ったりしてしまうと無意識のうちに感じとっているからです。

（例）**先輩**：「ちょっと飲み物買ってきて」
　　　後輩：「わかりました」
　　　先輩：「あと、帰りにこの封筒を○○さんの家まで届けておいて」
　　　後輩：「……はい」

【ウィンザー効果】

参照ページ ▶ P.85

第三者を介して信憑性を高める

　第三者を介した情報や噂話のほうが、直接伝えられるよりも信憑性が高くなり、伝えた人も好印象になるという心理効果を「ウィンザー効果」と言います。この効果は、特に人をほめるときに有効です。ほめ方にも種類がありますが、場合によってはゴマスリのように捉えられてしまうことがあります。好意的に受け取ってもらうためには、このように誰かが言っていたという形でほめると良いでしょう。気になる異性にアプローチしたいときなどに、効果的な心理テクニックです。

（例）**同僚**：「女子社員たちが、君のこと、かっこいいって言ってたよ」
　　　自分：「え、本当に!?」

【エンハンシング効果】

参照ページ ▶ P.92, 109

言葉の報酬でやる気を出させる

　やる気のある人（内発的達成動機の強い人）ほど、金銭などの報酬よりも、言葉による報酬を与えられたほうが、モチベーションが高まります。このように、「ほめられる」という外部からの報酬がやる気を引き出させることを「エンハンシング効果」と言います。優秀な部下や後輩を「さすが○○くん。いつも良い結果を出してくれてありがとう」とほめてあげれば、モチベーションも高まり、自発的に仕事をしてくれるようになるでしょう。やる気が十分ある人や能力が高い人は、あれこれ指示をされたり、仕事を強制されたりすると、かえって意欲が減退し、作業の能率が下がっていくものです。

（例）「○○くんの頑張りのおかげで、クライアントが満足するものを納品できたよ。ありがとう」

【ギャップ効果】

参照ページ ▶ P.141

相手が抱くイメージを裏切る"意外性"で好感度を高める

　相手が自分に抱いているイメージにはない良い面を見せると、そこから生まれる「意外性」によって好感度がアップします。これを「ギャップ効果」と言います。ギャップ効果を使うためには、まず自分が相手からどう思われているかを確認することが必要です。相手に直接聞いてしまうと、ギャップ効果が薄くなるため、身近な友人や知人に、自分がどう見られているかをリサーチしてみると良いでしょう。

（例）相手:「本がお好きなんですよね。休日はインドアで過ごされるんですか？」
　　　自分:「最近、サーフィンを始めて、毎週末、海に行っているんですよ」
　　　相手:「へぇ、そうだったんですね！」

【クライマックス法、アンチクライマックス法】

参照ページ ▶P.92, 93

結論を最初に持っていく話し方、最後に持っていく話し方

　結論を最後に持っていく正攻法の話し方を「クライマックス法」、最初に結論から入る話し方を「アンチクライマックス法」と言います。クライマックス法は「起・承・転・結」と進むので、話をじっくり聞いてくれる相手の興味を引くことができるでしょう。しかし、せっかちな相手や上司への報告の際は、結論から話すアンチクライマックス法のほうが適しています。

（例）**クライマックス法**→「（起承転…）それでこんな問題が発生しました」
　　　アンチクライマックス法→「こんな問題が発生しまして、というのも……」

【誤前提暗示】

参照ページ ▶P.76

与えられた選択肢の中で判断を下してしまう

　人は、もっともらしい前提や選択肢を与えられると、それ以外の選択肢があるにもかかわらず、与えられた選択肢の中だけで物事の判断を下しやすい傾向があります。このような心理現象を「誤前提暗示」と言います。例えば、食事に誘った女性に「このあとどこで遊ぼうか？」と、「遊ぶのが当然の前提」であるかのように問いかけると、相手は思わず従ってしまい、ついつい承諾の返事をしてしまうのです。

（例）**店員**：「食後のお飲み物は、コーヒーと紅茶のどちらになさいますか？」
　　　自分：「え？　あ、じゃあコーヒーで……」

【ザイアンスの法則】

参照ページ ▶P.143

知らない人からは冷淡に扱われやすい

　「ザイアンスの法則」を提唱したアメリカの社会心理学者ロバート・ザイアンスは、この法則の第1法則として「人は、知らない人に対して攻撃的、冷淡になる」と指摘しました。これは一般常識でもありますが、お願いごとはよく知っている人にしたほうが承諾してもらえる可能性が高くなり、よく知らない人には冷淡に断られる可能性が高いということになります。また、ザイアンスは第2法則として「人は、会う回数が多ければ多いほど好意を抱く」と指摘しています。つまり、まだ打ち解けていない人に対しては、会う回数を増やして親密になっていくのが得策と言えるのです。

【自己開示】

参照ページ ▶P.83

秘密を共有して、親密性を強める

　自分の良いところやダメなところ、秘密なども含めてありのままに伝えてしまうことを「自己開示」と言います。自己開示をされた相手は「信頼してくれているからこそ、打ち明けてくれるのだ」と感じ、親しみを覚えます。やがて「返報性の原理」（P.61 参照）により、お返ししようとする心理が働いて、相手も自己開示してくれるようになるでしょう。似た言葉で「自己呈示」があります。これは、意図して作った情報だけを伝えて自分の印象を良くしようとすることなので、自己開示とは全くの別物です。

【スリーパー効果】

最初は疑っていても、時間が経つにつれて信用し始める

　誰でも信頼できない相手からの説得を疑ってかかりますが、時間が経つにつれて「信憑性が低い」という認識が薄れ、相手を信じ始めます。このように信憑性の低かった説得内容を、時間が経つにつれて信用するようになる心理現象を「スリーパー効果」と言います。例えば、男女関係であれば、遊び人風の男性がことあるごとに「好きだ」と言い続けていれば、最初は信用しなかった女性も、時間の経過とともに「信用できない」という男性のマイナスイメージが薄れていき、「好きだ」という言葉を信じ始めてしまうのです。

【ゼイガルニク効果】

参照ページ ▶P.140

盛り上がり始めた話を中断されると、ウズウズしてしまう

　話が盛り上がり始めたときに中断されると、早く続きが聞きたいと思ってしまいます。これを「ゼイガルニク効果」と言います。ドラマなど、盛り上がってきたときにエンディングテーマが流れるとがっかりした気持ちになりますが、同時に早く次が見たいとウズウズしてしまう心境と同じものです。商談相手にも「先日面白い情報を仕入れまして、そのことも話したかったのですが、時間も押しているので本日はこれで失礼いたします」などと切り上げてしまえば、また会って話がしたいと思ってくれるでしょう。

（例）「そういえばそれについて大事な話があったんだけど、長くなるからまた今度会ったときに話すね」

【単純接触効果】
たんじゅんせっしょく

参照ページ ▶P.143

接触回数が多ければ多いほど好感度が高くなる

あることを何度も見たり聞いたりすることで、そのことに対して違和感がなくなり、安心感が芽生えてポジティブな印象を抱き始めます。これを「単純接触効果」と言います。会う回数が増えるほど印象が良くなっていくため、あいさつ程度でも会う回数を増やせば、意中の相手に振り向いてもらえる可能性が高くなるのです。CMや選挙運動などは、この「単純接触効果」を重視していると言われています。ただし、最初に悪い印象を抱かせてしまうと逆効果になりかねませんので注意しましょう。

【吊り橋効果】
つ　　ばし

参照ページ ▶P.138

不安や恐怖のドキドキを、恋愛のドキドキだと錯覚する

不安や恐怖を共有した人同士は恋愛感情が生まれやすい、という心理効果があります。不安や恐怖によるドキドキと、恋愛によるドキドキを錯覚し、恋愛感情が生まれるためです。この心理現象を、吊り橋を渡るときのドキドキになぞらえて、「吊り橋効果」と言います。お化け屋敷やジェットコースターなどで気になる異性とドキドキを共有すれば、二人の距離が一気に縮まる恋の起爆剤になるかもしれません。ただし、この効果は長続きしないので、二人の関係がマンネリ化しない努力は続けなければなりません。

【ドア・イン・ザ・フェイス・テクニック】

参照ページ ▶ P.69

最初に過大なお願いをしてから、本当のお願いへと譲歩する

　過大なお願いをして断られたあとに、本当に通したい小さなお願いをする心理テクニックを「ドア・イン・ザ・フェイス・テクニック」と言います。これは、「相手が要求水準を下げて譲歩したので、こちらも譲歩しなければ申し訳ない」と思う心理「返報性の原理」(P.61参照)を利用したものです。本当に通したいお願いをする前に、わざと過大なお願いをして断られておき、相手が少し後ろめたさを感じたところで本当に通したいお願いをすると承諾されやすくなるのです。ただし、同じ相手に何度も使って信頼を失わないように注意しましょう。

(例) **自分**：「急で申し訳ないのですが、明日までには納品してほしいのですが」
　　　取引先：「あ、明日ですか？　さすがにそれは……」
　　　自分：「明日は無理ですか……。では、三日あれば大丈夫でしょうか？」
　　　取引先：「それなら、はい……。何とか納められるようにします」

【バーナム効果】

参照ページ ▶ P.82, 137

一般的・抽象的なことを自分のことだと思い込む

　誰にでも当てはまることなのに、自分のことだと信じ込ませてしまう心理テクニックを「バーナム効果」と言います。特に、❶自分にとって都合の良い情報であるとき、❷情報が抽象的なものであるとき、❸情報提供者の評判や専門性などが高いときに、この効果が顕著にあらわれるとされています。占いやスピリチュアルで使われる手法で、上手く活用することで相手の心理を思い通りに誘導することができます。

(例) **占い師**：「あなたは、今、本当は孤独と感じていますね？」
　　　自分：「そ、そうです！　なんでわかったんですか？」

【ハロー効果】

参照ページ ▶ P.84

見た目が良いと内面も優れていると思われる

　その人が持つ一部分が際立って優れていると、全体も良いと思い込むのが「ハロー効果」です。例えば、「東大卒」と聞いただけで優秀な人物と思い込むのは権威による「ハロー効果」。外見の良い人が、性格も良いと判断されるのは、外見による「ハロー効果」です。「ハロー効果」は必ずしも良い方向へ働くというわけではありません。例えば、よく寝坊をして遅刻する人に対しては、「きちんと責任を持って仕事をしてくれないのでは？」という印象を抱いてしまいます。これを「ネガティブ・ハロー効果」と言います。

【ピグマリオン効果】

参照ページ ▶ P.91

期待することで相手のモチベーションを高める

　アメリカの教育心理学者ロバート・ローゼンタールによる「人は、期待された通りの成果を出す傾向がある」という主張を「ピグマリオン効果」と言います。これは、キプロス島の王ピグマリオンが、象牙で作った乙女像に、人間になってほしいという期待を込めて祈り続けたところ、本当に人間になったというギリシャ神話にちなんで名付けられました。教育や人材の育成・開発の分野でよく使われている心理テクニックです。例えば、成績不振の部下には、叱るのではなく、常に期待をかけることで、成績の向上を促していきましょう。

【ブーメラン効果】

命令をされると、やる気を削がれてしまう

　子供の頃、部屋の掃除をしようと思っていたところで、「掃除しなさい！」と親から指摘されて、やる気がなくなってしまった経験はありませんか？　子供は「今からやろうと思っていたのに、親はわかってくれていない」と思ってしまうでしょう。このように説得するつもりが、相手の反発を招き、逆効果になってしまう心理現象を「ブーメラン効果」と言います。やる気のある部下には、「もっとちゃんとやれ！」と伝えると反発し、やる気を失うので、ほめて動かすように心がけましょう。

【フット・イン・ザ・ドア・テクニック】

参照ページ ▶P.72

小さなお願いをしてから、本当のお願いごとをする

　誰でも承諾するようなささいなお願いをしてから、次々にお願いを通す方法を「フット・イン・ザ・ドア・テクニック」と言います。これは自分自身の態度や行動に一貫した態度をとらないと信用に関わる、という心理を利用した説得テクニックです。人は、相手からのささいなお願いを承諾すると、そのあとのお願いに対しても一貫した態度をとろうとするので、次のお願いにも承諾してもらいやすくなります。「フット・イン・ザ・ドア」という名前は、一度開かれたドアに足を入れてしまえば閉めることができずに、更に中に入り込んでいける、ということが基になっています。

【プラシーボ効果】

効果のない偽薬で症状が改善する!?

　何の薬効成分も入っていない少量の乳糖などを「治療薬だ」と言って与えると、一定の割合で症状が回復する現象を「プラシーボ効果」と言います（プラシーボ＝偽薬）。また、副作用など有害な反応が出ることを「ノーシーボ効果」と言います。プラシーボ効果のメカニズムは、まだ科学的に解明されていませんが、❶暗示作用❷条件付け❸期待によって、脳内物質の分泌に変化が起こることなどが推定されています。

（例）**上司**：「コーヒーを飲んでも眠気がとれない？　ならこの栄養ドリンクを飲　　　　　　め。特に眠気覚ましに効くぞ（ただのウーロン茶を渡す）」
　　　〈10分後〉
　　　部下：「なんか目が冴えてきました！」

【フレーミング効果】

参照ページ ▶ P.69, 70

伝え方を変えて、相手の思考の枠組みを変えてしまう

　「含有量1g」と伝えるよりも「含有量1000mg」と伝えたほうが、同じ含有量でも多く感じてしまいます。このように伝え方で相手に抱かせる印象が変わることを「フレーミング効果」と言います。言いづらいことは「フレーミング効果」を使って伝えてみることをおすすめします。例えば、部下が希望していない転勤が決定したとき、「今度異動になったから」という伝え方では、相手を動揺させてしまうだけでしょう。「会社決定で、君は○○支部へ異動となったよ。これはチャンスだぞ。そこで結果を残せば、本社に戻ってくる頃には役職者だ」と伝えれば、部下の思考の枠組みが変わって、前向きに捉えてくれるでしょう。

【フレンドリーテクニック】

素晴らしい友人を演じて好感度を高め、相手を説得する

　信義に固く、真面目で親切な「人格者」を演じることで、相手に「フレンドリーな人間関係を築けている」と思い込ませるのが「フレンドリーテクニック」です。この関係性が築けると、相手は頼みごとに対しても「ノー」と断りづらくなるでしょう。これは、マルチ商法やセミナー商法などの勧誘でも使用されている心理テクニックです。親しくなったからといって、不要なものを買わされないように気をつけましょう。

【ペーシング法、ディスペーシング法】

参照ページ ▶P.117, 135

ペースを合わせる、合わせないで信頼関係を築く

　会話をしているとき、相手が早口だと自分の話すスピードも速くなってしまいます。このように相手の態度や言動、感情に無意識に同調することを「ペーシング（同調行動）」と言います。しかし、意図的にこのような同調行動をとらないようにすると、相手はコミュニケーションが遮断されたような気がして、むしろこちらの態度と言動にペーシングしてしまうことがあります。これを「ディスペーシング法」と言います。悪質なクレーマーに対しておろおろするのはペーシングにあたり、相手をますますつけ上がらせてしまいます。毅然とした態度をとって（ディスペーシング）、良い方向に話を決着するようにしましょう。

【マッチング仮説】

参照ページ ▶P.145

似た者同士は互いに惹かれ合う

　　人は、自分の魅力と似た魅力を持っている人に惹かれる傾向があります。これは「マッチング仮説（釣り合い仮説）」と呼ばれるものです。例えば、美男美女に対しては、告白したところでフラれてしまうだろうと諦めてしまいます。かといって自分の魅力よりも劣っていると感じる人に対しては、不釣り合いだと決めつけてしまいます。よって、自分とマッチしているかを仮説した結果、自然と自分と似た人と結ばれるのです。

【ミラーリング】

参照ページ ▶P.115

相手の動作を真似して、親しみを覚えてもらう

　　信頼を寄せている相手といるときに、無意識に動作や行動を似せてしまうことを「同調傾向」（P.59参照）と呼びます。これに対して「ミラーリング」は意識的に相手の動作を真似ることで、親近感を与えます。相手を真似る行為は、相手への尊敬や好意を表現したものです。この心理テクニックを使うときは、相手に気づかれないように自然な動作、タイミングを心がけましょう。相手があなたの動きと似た動作をする「クロスミラーリング」が起これば、両者の間により強い親近感が生まれたと言えます。

【モスコビッチの方略】

参照ページ ▶ P.79

一貫した一人の主張が、周囲の意見を変えてしまう

　最初は無下にあしらわれてしまったとしても、自分の意見を曲げずに主張し続けると、やがて周囲がその意見が正しいのではないかと感じ始めます。その人に経験や実績がなくても、一貫した態度をとられると周囲は影響を受けてしまうのです。これが「モスコビッチの方略」と呼ばれる心理法則。例えば、「この事業計画ならば、きっと部署の立て直しが可能です！」と主張して聞き入れられなくても、それを一貫して主張し続けられると、周囲は「そうかもしれない」と思えてくるのです。

【ランチョン・テクニック】

参照ページ ▶ P.142

食事中に提案された意見には、ノーと言いにくくなる

　人は、楽しい食事の場では、否定的な気持ちになりません。そのため、交渉でイエスを引き出したいときは、食事をしながら行うと良いとされています。これを、心理学では「ランチョン・テクニック」と呼びます。食事をしながらの席では、お願いごとをされてもノーと言いにくくなるものなので、商談相手との交渉にはとても有効な心理テクニックでしょう。ただし、交渉は前や食後ではなく、「食事中」に行うのがポイントです。

【リンゲルマン効果】

人数が増えるほど、個人の貢献度は低くなる

　ドイツの心理学者マクシミリアン・リンゲルマンが行った、綱引きを使った実験では、綱を引く人数が増えれば増えるほど、個人の貢献度が下がりました。そのことから、集団の中の一人として行動すると「誰かがやってくれる」と考え、個人の貢献度が低くなると指摘しています。この発見から、ひとつのプロジェクトを複数の人間で構成されるチームで動かすとき、周りに頼ってばかりで何もしようとしない人が出てくる現象を「リンゲルマン効果」と言うのです。チーム作りの際は、一人ひとりの責任を明確にすることを心がけましょう。

【ローボール・テクニック】

参照ページ ▶ P.75

最初に好条件の要求をして、受け入れたら不利な条件をつけ加える

　「ローボール」とは"誘い玉"のことで、受けとりやすいボールを意味します。その名のとおり、相手がとりやすいボール（好条件の要求）を受けとった後に、少し難しい高めのボール（不利な条件の要求）を投げると、それも受けとってしまう傾向があります。例えば、「この荷物ちょっと運んでくれる？」と受け入れやすいお願いをしたあとに、「3階まで階段で運んでほしいんだ」と少々厄介なお願いをつけ加えても、相手はそれをつい受け入れてしまうのです。

（例）**自分**：「資料作成のちょっとした手伝いをお願いしていい？」
　　　同僚：「うん、いいよ」
　　　自分：「資料用の本を買いに本屋行ってきてほしいんだ。今手が離せなくて」
　　　同僚：「……う、うん。まあ、近いからいいけど……」

【ロミオとジュリエット効果】

障害があるほど愛が激しく燃え上がる

　二人の交際に障害があることで燃え上がり、それが本当の愛情だと「錯覚」する現象を、シェークスピアの有名な戯曲『ロミオとジュリエット』にちなんで「ロミオとジュリエット効果」と言います。駆け落ちや、不倫、格差婚など、恋愛でよく見られる心理現象と言えるでしょう。

【ユニフォーム効果】

制服の持つイメージで、安心感や信頼感を与える

　特別なユニフォームの着用によって他者を信用させたり、存在感を感じさせたりすることを「ユニフォーム効果」と言います。医師、警察官、バスガイドなどの制服もその一例で、他者に職種的なイメージだけでなく、安全だという安心感を与えます。また、警察官に対して威厳のような、ある種の圧迫感を感じるのもこのためです。人の心理は、相手の服装によって大きな影響を受けているのです。

参考文献

『思い通りに人をあやつる101の心理テクニック』(神岡真司著　フォレスト出版)

『相手を自在に操るブラック心理術』(神岡真司著　日本文芸社)

『クレーム・パワハラ・理不尽な要求を必ず黙らせる切り返し話術55の鉄則―「あなたの心と立場を守る!」』(神岡真司著　TAC出版)

『「見た目」で心を透視する107の技術』(神岡真司著　青春出版社)

『絶対折れない「心」のつくり方』(神岡真司著　日本文芸社)

『他人を支配できる「クセ」の心理学』(神岡真司監修　日本文芸社)

『他人を支配する黒すぎる心理術』(マルコ社編　サンクチュアリ出版)

『面白いほど相手が動いてくれる!　心理マジック大全』(樺旦純　青春出版社)

『思いのままに人をあやつる心理学大全』(齊藤勇監修　宝島社)

など

監修者

神岡真司（かみおか・しんじ）

ビジネス心理研究家。日本心理パワー研究所主宰。『相手を自在に操るブラック心理術』『必ず黙らせる「クレーム」切り返し術』『頭のいい人が使うモノの言い方・話し方』（共に、日本文芸社）、『思い通りに人をあやつる101の心理テクニック』『面白いほど雑談が弾む101の会話テクニック』（共に、フォレスト出版）、『「見た目」で心を透視する107の技術』（青春出版社）、『99％の人が動く！「伝え方」で困らない心理テクニック』（大和書房）、『クレーム・パワハラ・理不尽な要求を必ず黙らせる切り返し話術55の鉄則』（TAC出版）など著書多数。

STAFF

編集協力	スタジオポルト
	小林びじお
イラスト	伊藤美樹
本文デザイン	スタジオダンク
DTP	編集室クルー

10秒で相手を見抜く&操る
心理術サクッとノート

監修者	神岡真司
発行者	永岡純一
発行所	株式会社永岡書店
	〒176-8518　東京都練馬区豊玉上1-7-14
	TEL. 03(3992)5155（代表）
	03(3992)7191（編集）
印刷	ダイオープリンティング
製本	ヤマナカ製本